LEGENDS OF THE CARS.

I FANCY that many people still picture Lincolnshire to themselves as a region of bogs and swamps, of fever-haunted marshes, and ague-infested lowlands. I know that I, personally, expected something of the sort, when I first entered the county, and in speaking about it to strangers, their first remark is apt to be, that we must have suffered much in those "dreadful fens". Now this is an entirely mistaken idea of the shire.

Even in the South, the true fen district, the drainage system has been so widely carried out, that I am told the great marshes have been almost entirely reclaimed, and many hundreds of useless acres are now turned into fertile farm-lands. If this be true of the South, it is much more so of the Northern Division, which, to begin with, has in general a higher average level, and is more uneven in its surface, being also traversed by two long low hill ranges from N.W. to S.E. In the parts of Lindsey, there are no fens, their place being taken by the Cars, which were once wide swamps, bordering the course of a small stream or river. These have been drained, and I do not think that any now exist in their old barren condition, so great is the change that has taken place during the last half century. Broad dykes now intersect the fertile fields, and run beside the roads, on their way to join a central canal which carries the waters of the district to the sea, the original river meandering now on one side now on the other, a mere brook of but a few feet wide, often dried up in summer. Drained cars like these lie along the wide shallow valley of the Ancholme, between the parallel ranges of the Wolds and the Cliffs ; the original Ancholme, a tiny twisted stream, being replaced, both in name and use, by a broad canal, which runs northwards for some thirty miles, as straight as an arrow, to join at last the wide Estuary of the Humber.

Were this the place, I might speak of the elaborate system for regulating the outlet of the water; of the yawning dykes that border or cross the roads, making them by no means safe on dark nights, holding, as they do, from two to ten feet of water and many more of shiny treacherous mud ; or of the lonely dwellings along the Ancholme banks, only to be reached by a narrow bridle-path, with bewildering lanes of water on either hand, where a horse must be blindfolded before it will cross the frail wooden bridges over the noisy water gates at the joining of the dykes with the main Canal ; but I am more concerned at present with memories of the Cars as they once were, a wild desolate dreary marsh, full of strange sights and sounds, than as they now exist.

Nevertheless they are still worth seeing, and have a beauty, or rather an attraction of their own. Stunted willows mark the dyke-sides, and in winter there are wide stretches of black glistening peat-lands and damp pastures; here and there great black snags work their way up from submerged forests below. When the mists rise at dusk in shifting wreaths, and the bleak wind from the North Sea moans and whistles across the valley, it is not difficult to people the Cars once more with all the uncanny dwellers, whose memory is preserved in the old stories. Then in summer, with its charm of wide vision, and something of the amplitude and serenity of the sea, in its stretching levels and far-off horizon, it seems to hold the brightness

Legends of the Lincolnshire Cars

By

Mrs. M. C. Balfour

British Library Cataloguing-in-Publication Data
A catalogue record for this book is available from
the British Library

Contents

and reflect the gloom of the great arch of heaven overhead, in plots of vivid greenery and waving corn, and a maze of glittering dancing lanes of water. At all times, it seems a fit resting-place for the last days of a dying mythology.

With the barren Cars of the older times is connected a peasantry that is changing as the soil itself has changed, only more gradually, for the sluggish current of their life and habit is but slowly beaten back by the impetus of modern innovations. Still, in time, the running water carries away the stagnant, and so already, it is only here and there that one can find traces of the poor ague-shaken, opium-eating creatures of earlier times. Many an old woman eats opium openly, and I fear all the men who can get it—will drink gin. But the days are gone by when the one or the other was in constant and daily need, to still the shaking or deaden the misery born of the fever-mists and stagnant pools. Nevertheless, whether it be due to the climate, or the scarcity of railways, or the character of the people themselves, civilization seems a long way behindhand in North Lincolnshire, when compared with other parts of England.

It seems as if it were off the high-road, so to speak, of busy modern English life. Lindsey is entirely agricultural, and in these days of depression amongst farmers, and of absentee landlords, it is visited by few strangers ; and the only resident upper class is represented by the clergy, and a very mixed set of tenant-farmers, who, in trouble themselves, generally care little for the people under them, except as regards their work and pay.

This is, I dare say, unavoidable ; but it throws the people back on themselves, and accounts, no doubt, for the survival of much amongst them which has decayed elsewhere. Even their speech sounds strange to a modern English ear, for it is almost pure Saxon, and keeps many of the original inflexions which we have lost. Certainly it bears signs of the many races that have dwelt in Lincolnshire, and surely no county in England has known more

I. 2

varied masters; there are many Norse and Danish words, and some Roman and Norman names; but in the common speech, French and Latin derivatives are conspicuous by their absence.

The people themselves are not easy to make friends with, for they are strongly suspicious of strangers; but once won over, are said to be staunch and faithful. They are grave, long-featured, and rather melancholy in face, touchy and reserved in disposition, and intensely averse to change or innovation of any sort; many of them live and die within the limits of a narrow parish, outside of which they never set foot. The younger generations are changing; but they show less disbelief in the old legends than indifference to them; they seem growing, not so much less superstitious, as less impressionable. But in some of the old people, there is still a simple serious faith that is delightful, and I do not think that elsewhere in England one could nowadays find such a childlike certainty of unseen things or such an unquestioning belief in supernatural powers.

I have given this slight outline of the district and some of its inhabitants, in order to show amid what surroundings linger these wild tales of witchcraft, and the spirit-world, in this little isolated home of folk-lore. Here, in this bleak and lonely tract, scarcely yet won over to civilization, has dwelt for ages a people, ignorant, poverty-stricken, weakened by malaria, and strongly affected by their wild home; and here still, amongst a few elders, who remember the traditions of their youth, and the beliefs of their fathers, linger tales that tell of the old pagan customs, that have perhaps existed in these parts since the very dawn of history.

I have gathered together a number of these stories— some of them were told me by devout believers, mostly aged folk, who dated from the days of universal credulity; some were repeated as "my grandad used to tell"—by younger people, and some were pieced together by scraps gained from several sources. One, which I call "The Dead Moon", I first heard of in a sort of nursery rhyme some children were singing. I have listened to awesome tales of "boggarts" and "todlowries" that have still local habitations as well as names ; and to weird stories of witches, and woe-women and their spells, till I nearly believed in them myself; and to strange, rambling histories that seemed like peeps into a bygone world, where the fantastic spirits were more real than the trembling, fearing, conciliating people they alternately helped and oppressed. I fear I cannot preserve the rude poetry and grace of the vernacular ; but I tell these stories of the Cars of the Anc-holme Valley exactly as told to me, lest in altering I might spoil them. I heard the first from an aged woman, a life-long dweller in these Cars, who in her young days her-self observed the rite she describes, though she would not confess to it within the hearing of her grand-children, whose indifference and disbelief shocked her greatly. To her, " Tiddy Mun" was a perfect reality, and one to be loved as well as feared. She is now dead, and I doubt whether anyone else knows the legend, which she said had been forgotten for many, many years, by all but herself and one or two old friends, all gone before her.

I think the legend is, if not so poetical as some, at least a curious one; and particularly so, as showing the innately heathen idea of propitiation by offerings. There is an inconsequence and an incompleteness about it for which I am not responsible ; I tell it as it was told to me, and I have tried to keep to the old woman's words as closely as possible, only changing them where they would certainly not be " understanded of the people" without an intimate knowledge of the dialect.

" TIDDY MUN."

Whiles syne, afore tha dykes wor made, an' tha river-bed changed, whan tha Cars wor nobbut bog-lands, an' full o' watter-holes ; tha wor teemin, as thou mayst a' heerd wi'

Boggarts and Will-o'-tha-Wykes, an' sich loike ; voices o' deed folks, an' hands wi'outen airms, that came i' tha darklins, moanin' an' cryin an' beckonin' all night thruff; todlowries dancin' on tha tussocks, an' witches ridin' on tha great black snags, that turned to snakes, an' raced about wi' 'em i' tha watter ; my word ! 'twor a stra-ange an' ill place to be in, come evens.

Folk wor gey skeered on un nat'rally, an' wouldna goo nigh un wi'outen a charm o' some sort, just a witches pink or a Bible-ball, or the loike o' that. A'll tell thee 'bout them another toime. Tha shook wi' froight, a tell thee, whan tha found their sels i' tha Cars at darklins. For sartain, tha wor mostly shakin i' they toimes ; for tha agur an' fever were terrible bad, an' thar wor poor weak crysoms, fit for nowt but to soop gin an' eat op'um. In ma young days, we'd all tha agur ; tha women ower tha fire, tha men out i' tha garth, even tha bairns had tha shakes reg'lar. Ay mebbe, tha's better off noo, but a don't know, a don't know, tha's lost Tiddy Mun. Weel, weel. Tha kenned foine that tha fever an' agur comed fra tha bogs, but so come as tha heerd tell, that tha ma-ashes mun be drained as tha ca' it, tha wor sore miscontented, for tha wor used to un, an' ther feythers afore em', an' tha thowt, as tha sayin' is, bad's bad, but meddlins wuss.

Tha tell't un fine tales, 'at tha mists 'ud lift, an' tha bogs 'ud come i' tha molds, an' th'ud be no'on agur; but tha misliked tha changement, an' wor main fratched wi' tha Dutchies, who comed across tha seas for tha delvin.

Tha folk would na give tha Duchies vittles, or beddin', or fair words; no'on let 'em cross tha door-sill; an' tha said to each ither, tha said, as t'ud be ill days for the Cars, an' tha poor Car-folk, so-be tha bog-holes wor meddled wi', an' " Tiddy Mun " wor unhapped.

For thee know'st, Tiddy Mun dwelt in tha watter-holes _oun deep i' tha green still watter, an' a comed out nobbut of evens, whan tha mists rose. Than a comed crappelin out i'tha darklins, limpelty lobelty, like a dearie wee au'd gran'ther, wi' lang white hair, an' a lang white beardie, all cotted an' tangled together; limpelty-lobelty, an' a gowned i' gray, while tha could scarce see un thruff tha mist, an' a come wi' a sound o' rinnin' watter, an' a sough o' wind, an' laughin' like tha pyewipe screech. Tha wor none so skeered on Tiddy Mun like tha boggarts an' such hawiver. A worn't wicked an' tantrummy like tha watter-wives; an' a worn't white an' creepy like tha Dead Hands. But natheless, 'twor sort o' shivery like when tha set round tha fire, to hear the screechin' laugh out by the door, passin' in a skirl o' wind an' watter; still tha only pulled in a bit nigher together, an' lispit wi' a keek ower tha shouther, "'Arken to Tiddy Mun!"

Mind ye, tha au'd Mun hurted none, nay, a wor real good to un at times. Whan tha year wor geyan wet, and tha watter rose i' tha marshes, while it creepit up to the door-sill, an' covered tha pads, come tha fust New Moon, tha feyther an' mither, an' a' tha brats, ud go out i' tha darklins, an' lookin' ower the bog, called out together, thoff mappen a bit skeered an' quavery like:

> " Tiddy Mun, wi'-out a name,
> tha watters thruff ! "

an' all holdin' on togither an' tremblin', a'd stan' shakin' an' shiverin', while tha heerd tha pyewipe screech 'cross tha swamp; 'twor tha au'd Mun's holla! an'i'tha morn, sure 'nough, tha watter ud be doun, an' tha pads dry. Tiddy Mun a done tha job for un.

What's that? Ay' a called 'un Tiddy Mun, for a wor none bigger 'n a three year's bairn, but a hadn't rightly no sort of a name—a niver had none. Someday a'll tell thee how that comed.

So's a wor sayin'. Tiddy Mun dwelt i' tha watter-holes, an' noo tha Dutchies wor a emptyin' 'em out, while a wor dry as a two year au'd Motherin cake—an' thou'll no take much o' that. Hast heard tha au'd rhyme, as says:

7

" Tiddy Mun, wi-out a name
White heed, walkin' lame ;
While tha watter teems tha fen
Tiddy Mun 'll harm nane."

An' this wor tha pother! for tha watter-holes wor most dry, an' tha watter wor drawd off into big dykes, so that tha soppy, quiverin' bog wor turnin' in firm molds, an' wheer'd Tiddy Mun be than? Iverybody said, as ill times wor comin' for tha Cars.

But, however, tha wor no help for 't; tha Dutchies delved, an' tha' Dutchies drawd tha watter off, an' tha dykes gotten ever langer an' langer, an' deeper an' deeper ; tha watter runned away, an' runned away down to tha river, an' tha black soft bog-lands 'ud soon be turned to green closin's.

But thoff tha work gotten done, it wor no'on wi' out trouble. At the Inn o' nights, on tha great settle, an' i' tha garths, an' i' tha kitchens to home, tha lispit strange an' queer tales, ay dearie me, stra'ange an' queer, but 'true's death ! an' tha au'd folk wagged ther heads, an' tha young uns wagged ther tongues, an' tha anes thowt, an' tha ithers said :

" Ay, an' for sure, it's ill comes o' crossin' Tiddy Mun !" For mark ma words ! 'twar first ane, syne anither o'tha Dutchies wor gone, clean sperrited away ! not a sight o'un anywheres ! tha sowt for un, an' sowt for un, but no'on a shadow of un wor iver seen more, an' tha Car-folk kenned fine, that a'd niver find un, nay, not if a sowt till tha gowden Beasts o' Judgement come a-roarin' an' a rampin' ower tha land, for to fett tha sinners.

Tiddy Mun a'd fetted un away, an' drooned un i' tha mud holes, wheer tha hadn't drawed off all tha watter !

An' tha Car-folk nodded an' said :

" Ay, that comed o' crossin' Tiddy Mun !"

But tha browt more Dutchies for tha work, an' thoff Tiddy Mun fetted un, an' fetted un, tha work gotten on natheless an' tha wor no help for 't.

An' soon tha poor Car-folk kennt that tha au'd Mun wor sore fratched wi iverybody.

For soon a sneepit all i' turn: tha coos pined, tha pigs starved, an' tha pownies went lame; tha brats took sick, tha lambs dwined, tha creed meal brunt 'issen, an' tha new milk craddled; tha thatch fell in, an' tha walls burst out, an' all an' anders went arsy-varsy.

At first tha Car-folk couldna think 'at tha au'd Mun 'ud worritt's ain people sich an' away; an' a thought mayhap 'twor tha witches or tha tod-lowries, as done it. So tha lads stoned tha wall-eyed witch up to Gorby out o' tha Market-Place, an' Sally to Wadham wi' tha Evil Eye, she as charmed the dead men out o' ther graves, i' tha kirk garths; tha ducked *she* in tha horse-pond while a wor most dead; an' tha all said "our father" back'ards an' spat to the east to keep tha tod-lowries' pranks of; but 'twor no'on helping; for Tiddy Mun 'isself wor angered, an' a wor visitin' it on 's poor Car-folks. An' what could tha do?

The bairns sickened i' ther mothers' airms; an' ther poor white faces niver brightened oop; an' tha feythers sat an' smoked, while tha mothers grat, ower tha tiddy innocent babbies lyin' theer so white an' smilin' an' peaceful. 'Twor like a frost 'at comes an' kills the bonniest flowers. But tha hearts wor sore, an' ther stomachs empty, wi' all this sickness an' bad harvest an' what not; an' somethin' mun be done, or the Car-folk 'ud soon be a' deed an' gone.

Endlins, some 'un minded how, whan tha watters rose i' tha marshes, afore tha delvin'; an' tha folk ca'ed out to Tiddy Mun, come New Moon i' tha darklins; a heerd un an' did as a wor axed. An' tha thowt, mappen if tha ca'd un age'an, so's to show un like, as tha Car-folk wished un well, an' that a'd give un tha watter back if tha only could—maybe a'd take tha bad spell undone, and forgive 'un again.

So tha fixed 'at tha should a' meet togither come tha next New Moon doun by tha cross dyke, ly tha au'd stope nigh on to John Ratton's garth.

Weel, 'twor a reg'lar gath'rin', there wor au'd Tom o' tha Hatch an' Willem, his sister's son, from Priestrigg; an' crooked Fred Lidgitt, an' Brock o' Hell-gate, an' Ted Badley, as wor feyther's brothers to me; an' lots more on 'em, wi' women-folk an' bairns. A'll no say a warna theer masel, just mappen, thee knawst!

Tha comed i' threes an' fowers, joompin' at ivery sough o' wind, an' screechin' at ivery snag, but tha didn't need, for tha poor au'd Boggarts an' Jack o' Lanterns wor clean delved away. Mebbe ther's boggarts an' bogles still, an' witches an' things, a dunnot say; but they good au'd times is gone i' tha marshes, an' tha poor swamp-bogles mun flit wi' tha watter an' a seen 'em go, mysel.

But, hawiver, as a wor sayin, tha comed, every one wi' a stoup o' fresh watter in 's hand; an' whiles it darkened, tha stood a' togithur, lispin' an' flusterin', keekin' i' tha shades ower tha shouthers, an' 'arkenin' oneasy-like to tha skirlin' o' tha wind, an' tha lip-lap o' tha rinnin' watter.

Come tha darklins at long last, an' tha stood all on 'em at tha dyke-edge, an' lookin ower to tha new River, tha ca'd out a' togither, stra'ange an' loud,

> "Tiddy Mun, wi-out a name,
> Here's watter for thee, tak' tha spell undone!"

an' tha teemed tha watter out o' tha stoups in tha dyke splash sploppert!

'Twor geyan skeerful, stannin' holdin' on togither, i tha stillness. Tha 'arkened wi' all ther might, to hear if Tiddy Mun answered 'em; but ther wor nothing but on-natral stillness. An' then, just whan tha thowt 'twor no'on good, ther broke out tha awfullest wailin' an' whimperin' all round about 'em; it comed back'ards an' for'ards, for all tha world like a lot o' little cryin' babbies greetin' as if to break ther hearts, an' none to comfort 'em: a sobbed an' sobbed thersels most quiet, an' then began again louder 'n ever, wailin' an moanin' till a made uns heart ache to hear 'em.

An' all to wanst the mothers cried out as 'twor ther dead bairns, callin' on Tiddy Mun to tak tha spell undone, an' let tha childer live an' grow strong ; an' tha pore innocents, fleein' above us i' tha darklins, moaned an' whimpered soft-like, as if thea kenned ther mothers' voices an' wor tryin' to reach ther bosom. An' tha wor women as said 'at tiddy hands 'ad touched 'em, an' cold lips kissed 'em, an' soft wings fluttered round 'em that night, as tha stood waitin' an' arkenin' to tha woful greetin'. Then all at once, tha wor stillness agean, an' tha could hear tha watter lappin' at ther feet, an' tha dog ye'ppin' i' tha garth. But then comed soft an' fond-like from tha river hissen, th' aud pyewipe screech, once an' again a comed, an' fortrue, 'twor tha aud man's holler. An' tha kenned a'd tak tha spell undone, for 'twor so kind an' broodlin' an' sorry-like as never was.

Ay dearie day ! how tha laughed an' grat together, runnin' an' jumpin' about, like a pack o' brats comin' out o' school, as tha set off home, wi' light hearts, an' never a thought on tha boggarts. Only tha mothers thought o' ther dead babies an' ther arms felt empty an' ther hearts lonesome an' wearyin' for tha cold kiss an' tha flutterin' o' tha tiddy fingers, an' tha grat wi' thinkin' on ther poor wee bodies, driftin' aboot i' tha soughin' o' tha night win'.

But fro' that day, mark ma words ! 'twor strange an' thrivin' i' tha Cars. Tha sick bairns gotten well, an' tha cattle throve, an' tha bacon-pigs fattened ; tha men folk addled good wages, an' bread wor plenty ; fur Tiddy Mun had taken tha bad spell undone. But every New Moon as was, out tha went in tha darklins, to tha gainest dyke-edge, feyther an' mither an' brats ; an' tha teemed tha watter i' tha dyke cryin',

> " Tiddy Mun wi-out a name
> Here's watter for thee ! "

An' tha pyewipe screech 'ud come back, soft and tender an' pleased. But for certain-sure, if wan o' un didna go out, c'ep a wor sick, Tiddy Mun missed un, an wor angered wi' un, an' laid tha spell on 'un 'arder nor ever ; while a went wi' tha others, come next New Moon, to ax tha spell undone. An' whan tha bairns wor bad, a tellt un as Tiddy Mun 'ud fett 'em away ; an' a wor good as gold to once, for tha kenned as a'd do it.

But thae days is gone by, an' folk now ken nowt about un. Ay, faix, is it true for a' that ; a've seen un mysel, limpin' by i' tha fog, all grey an' white an' screechin' like tha pyewipe, but 'tis lang syne a's ben by, an' a've teemed tha watter out o' tha stoup too, but a'm too aud now, thou seest, an' a cannot walk, since years gone. But a guess Tiddy Mun 's bin' frighted away wi' a' tha new ways an' gear, for folk dinna ken un no more, an' a niver hear say now, as we used to say when a wor young, an' annybody had a mort o'trouble an' mischance, an' wry luck, us said,

" Ah, thou arnt bin out i' tha New Moon lately, an' for certain-sure, it's ill to cross Tiddy Mun wi-out a name ! "

———

The next legend was obtained from a young girl of nine, a cripple, who stated that she had heard it from her " gran." But I think it was tinged by her own fancy, which seemed to lean to eerie things, and she certainly revelled in the gruesome descriptions, fairly making my flesh creep with her words and gestures. I have kept not only to the outline of her story, but in great part to her very words, which I think I could not have made more effective even if I had wished to do so.

THE DEAD MOON.

Long agone, i 'ma gran's toime, th' Car-lan's doun by wor a' in bogs, as thee's heerd tell, mebbe : gra'at pools o' black watter, an' creepin' trickles o' green watter, an' squishy mools as'd soock owt in, as stept on un.

Weel, my gran' used to sa'ay, how, long afwore her toime, tha moon's sel' wor towanst de'ad an' buried i' tha ma-ashes ; an' if thee will, a'll tell thee aboot it as she used for to tell me.

Tha moon up yond', shone an' shone to than, jest as she do now, thoff thou moightn't ha' thowt it; an' whan she shone, she loighted oop a' tha bog-pads so's a body cu'd wa'alk aboot, most 's safe as o'days. But when she didna shine, then oot cam' a tha Things 'at dool i' tha Darkness, an' want aboot seekin' to do evil an' harm to all as worna safe beside ther ain he'arths. Harm an' mischance an' mischief : Bogles, an' de'ad Things, an' crawlin' Horrors : tha a' coomed oot o' noights when the moon didna shine.

Weel, it comed so, 'at tha Moon heerd tell on a' this; an' bein' kin' an' good—as she be, sure*ly*, a-shoinin' fur us a' noights, 'stead o' takin' her nat'ral rest; she wor main troubled to think o' what went on ahint her back, loike ; an' says she : " A'll see fur mysel, a wull ; it mebbe, 'at its none so bad 's fo'ak mak' oot."

So sewer 'nuff, come tha month end, doun she stept hapt oop wi' a black cloak, an' a black hood o'wer her yaller shinin' hair ; an' straight she went to tha Bog edge, an' looked aboot her. Watter here, an' watter there ; wavin' tussocks, an' trem'lin' mools, an' gra'at black snags a' twisted and bent ; an' afwore her, a' dark—dark, but the glimmer o' tha stars on tha pools, an' tha loight as comed fro' 's 'ain white feet, stealin' oot o' s black clo'ak. On a 'vent, fair into the mid' o' tha bogs ; an' aye lookin' about

13

her; an' 'twor a mortal quare soight as 'a looked on. Tha witches girncd as tha rode past on ther gra'at black cats; an' tha evil Eye glowcred fro' tha da'arkest corners—an' tha will-o'-tha-wykes danced a' aboot wi'ther lanterns swingin' o' ther backs. Than tha de'ad fo'ak rose i' tha watter, an' lookit roon' 'em in white twisted fa'aces an' hell fire i' ther empty cen-holes; an' tha slimy drippin' De'ad Han's slithered aboot, beckonin' an' p'intin', and makin' yer skin crawl wi' ther cowld wet feel.

Tha moon drew 's clo'ak faster aboot her, an' tremmelt; but a wouldna gaw back, wi'oot seein' a' ther wor to be seen, so on she went, steppin' light as tha win' in summer fro' tuft to tuft, atween tha greedy gurglin' watter ho'als; an' jest as she comed nigh a big black pool, 's fut slipt, and a wor nigh toomlin' in—an' a grabbed wi' bo'oth han's at a snag near by, to steady 'asel' wi'; but so cum as she touched it, a twined itsel' round her wrists loike a pa'ir o' han'cuffs, an' gript her so 's she culdna move. She pulled, an' twisted, an' fowt, but twor no'on good: a wor fast, an' a mo'ost sta'ay fast; so a' lookit aboot, an' wunnerd if help 'd coom by; but a saw nowt but shiftin' flurryin' evil Things, comin' an' goin' here an' there busy wi' ther ain ill wark.

But presently, as a stood trem'lin' i' tha da'ark a heerd summat ca'allin' i' tha distance—a voice 'at ca'alled an' ca'all'd, an' than de'ed away wi' a sob; an' then began agean wi' a screech o' pain or fear, an' ca'd an' ca'd, till tha ma-ashes weer full on tha pitiful cryin' voice; an' than a heerd steps floonderin' along, squishin' i' tha muck, an' slippin' on' tha tufts; an' throff tha darkness, a saw han's catchin' at the snags an' tha tussocks, an' a white face wi' gre'at feared eyen.

'Twor a man strayed i' tha bogs; an' a' roon' about un tha girnin' bogles, an' tha de'ad fo'ak, an' tha creepin' Horrors crawled an' crooded; tha voices mocked un, an' the De'ad Han's ploocked at un, an' ahead, tha will o' tha wykes dangelt ther lanterns, an' shuk wi' evil glee as a led un furder 'n furder fro' tha reet track. Ma-azed wi' fear

an' loathin for tha Things aboot un, a stroogled on tords
tha flick'rin' loights 'at looked loike he'p an' sa'afety.

"Thou yonder," a'd shriek, "Thou!—a'm catched i' tha
bog-lan's!—dost hear?—God an' Mary save 's fro' the
Horrors—he'p, thou yonder!" An' then a'd stop an' sob
an' moan an' ca' on a' tha saints an' wise women an' God
'issel to fetch un oot.

An' than 'a 'd break oot in a shriek age'an, as tha slimy
slithery things crawled round un, till a couldna even see
the fause lights afwore un. An' than, 's if 'tworna bad
aneugh a'ready, the horrors 'd tak a' sorts o' shapes ; an'
rampin' lasses 'd keek at un wi' bright eyen, an' stretch oot
soft he'pin' han's ; but when a'd try to catch hol' on un, a'd
cha'ange in 's grip to slimy things an' shapeless worms,
an' tha wicked voices 'd mock un wi' foul glee. An a' tha
evil thoughts an' deeds o's life cam' an' whispet in 's ears,
an' da'anced aboot an' shooted oot tha secret things o's
ain heart, till a shrieked an' sobbed wi' pain an' shame, an'
the Horrors crawled an' gibbered roon' aboot an' mocked
un. An' when tha poor Moon saw 'at he wor coomin'
nigher an' nigher to the deep holes an' tha deadly quicks,
an' furder 'n furder fro' the pad, a wor so mad an' so sorry,
'at she stroogled an' fowt an' pulled, harder nor iver. An'
thoff a couldna get loose, wi' a' her twistin' an' toogin', the
black hood fell ba'ack off 'a shoinin' yaller hair, an' tha
beautiful light as coomed fro't druv away tha darkness.

Ooh! but tha man grat wi' joy to see God's ain light
age'an ; an' towanst tha evil things fled ba'ack into tha
da'ark corners ; fur tha canna boide tha light. So tha left
un, an' fled ; an' a could see whur a wor, and whur tha pad
wor, an' hoo a'd hev to gaw fur to get oot o' tha ma'ash.
An' a wor in sich a ha-aste to get awa-ay fro' tha quicks
an' tha boglan's, an' tha things 'at doolt thur, 'at a sca'arce
lookit at tha bra'ave light 'at coomed fro' tha beautiful
shinin' yaller hair streamin' oot o'er the black cloak, an'
fallin' to the watter at's feet. An' tha Moon's sel wor so
tuk oop wi' sa'avin' he, an' wi' rejoicin' 'at a wor ba'ack on

tha reet pad, 'at a cle'an furgot 'at a needed he'p 'asel', an' 'at a wor held fast by the Black Snag.

So off a went ; spent an' gaspin' an' stumblin', an' sobbin' wi' joy, fleein' fur's life oot o' tha tur'ble Bogs.   Than it coom ower the Moon, 'at 'ad loike main to gaw wi' un ; an' a gra'at fear coom to 'a ; an' a pulled an' fowt 'sif a wor mad, till a fell on's knees, spent wi' toogin', at tha fut o' tha snag.   An' as a la'ay thur, gaspin' fur bre'ath, tha bla'ack hood fell for'ard ower her he'ad ; an' thoff she tried to throw un ba'ack, 'twor catched in her hair, an' wudna gaw.   So oot want tha blessed light, an' back coomed tha darkness wi' a' its evil things, wi' a screech an' a howl. They cam croodin' round her, mockin' an' snatchin' an' beatin' ; shriekin' wi' rage an' spite, an' swearin' wi' foul tongues, spittin' an' snarlin', fur tha kenned her fur ther au'd enemy, tha' bra'ave bright Moon, as druv 'em ba'ack into tha corners, an' kep'em fro' warkin' their wicked wills My—what a clapperdatch 'twor—an' tha poor Moon crooched tremblin' an' sick i'tha mid, an' won'erd when tha'd make an en' o't, an' o' she.

" Dom' tha !" yelled tha witch-bodies, " thou'st spiled oor spells this year agone !"

" An' thou keeps us in wer stra'ight coffins o'noights !" mo'aned tha de'id Fo'ak.

" An' us thou sen's to brood i' tha corners !" howled tha Bogles.

An' a' tha Things joined in wi' a gra'at " Ho, ho !" till tha varry tussocks shuk, and tha watter gurgled.   An' tha began age'an.

" Us'll poison her—poison her !" shrieked the witches.

An' " Ho, ho !" howled the Things age'an.

" Us'll smother her—smother her !" whispered the crawlin' Horrors, an' twined thersel's roon' her knees.

An' " Ho, ho !" mocked the rest o'un.

" Us'll strangle her—strangle her !" screeched tha De'ad Han's, an' ploocked at 'a throat wi' could fingers.

An' " Ho, ho !" they yelled age'an.

16

But tha dead Fo'ak writhed an' girned about 'a, an' chuckled to thersel's.

"We'se bury thee, bury thee, doun wi' us i' tha black mools!"

An' age'an tha a' shouted wi' spite an' ill-will. An' tha poor Moon crooched doun, an' wished a wor de'ad, an' done wi'.

An' tha fowt an' squabbled what tha should do wi' her, till a pale gray light began to coom i' tha sky ; an' it drew nigh the dawning. An' when tha saw that, tha wor feared lest tha shouldna hev toime to work ther wull ; an' tha catched hol' on her, wi' horrid bony fingers, an' laid her deep i' tha watter at fut o' tha snag. An' tha dead fo'ak held her doun, while tha bogles fo't a stra'ange big sto'an an' rowled it o'top o' her, to keep her fro' rising. An' tha towld twae o' tha will o' tha wykes to ta'ake turns i' watchin', on tha black snag, to see 'at a lay safe an' still, an' couldna get oot to spoil ther sport wi' her loight, nor to he'p tha poor car-fo'ak to keep oot o' tha quicks an' ho'als o'nights. An' then, as tha grey light comed brighter i' tha sky, tha shapeless Things fled away to seek tha da'ark corners, an' tha dead fo'ak crept ba'ack into tha watter, or crammed thersel's into ther coffins, and tha witches went ho'am to ther ill-do'ins. An' tha green slimy watter shone i' tha dawnin' 'sif nae ill thing 'd aye coom nigh it.

An' thur lay tha poor moon, de'ad an' buried i' tha bog till sum 'un 'd set her loose ; an' who'd ken whur to look fur a ?

* * * * * *

Weel, tha days pa'assed, an' 'twor tha toime fur tha new moon's coomin'; an' tha fo'ak put pennies i' ther pockets, and straws i' ther caps so's to be ready fur a, an lookit aboot on'quietly, fur tha moon wor a good frien' to tha ma'ash fo'ak, an' tha wor main glad when tha da'ark toime wor ga'an, an' tha pads wor safe age'an, an' tha Evil Things wor druv back by the blessed Light into the darkness an' tha watter ho'als.

M

But days an' da'ays passed, an' tha new moon niver ca'ame, an' tha nights wor aye da'ark, an' th' Evil Things wor badder nor iver. Ther wor no 'on a loaning safe to travel, an' tha boggarts crept an' wailèd roon' tha hooses an' keekit in at the winders, an' sneepit at tha latches, till tha poor bodies mun ke'p lights a' night, else tha horrors 'd a coomed ower tha varry doorsils.

Aye so, tha bogles o' a' sorts seemed to ha' lost a' fearin'. Tha howled an' lafft an' screecht aroon', fit to wa'ake tha de'id thersel's, an' tha Car-fo'ak mun sit tremmlin' an' shakin' by tha foire, an' could nor sleep nor rast, nor pit fit across tha sil', a' thae da'ark an' dreary nights.

An' still tha da'ays went on, an' tha new moon niver comed.

Nat'rally tha poor fo'ak were stra'ange feared and mazed, an' a lot o' un went to the wise woman wha doolt i' th' 'owd mill, an' axed ef so be 's tha could fin' oot wheer tha moon wor ga'an.

" Weel," said she, arter lookin' i' tha brewpot, and i' tha mirror, an' i' tha Book, " it be main quare, but a canna reetly tell ye what's hapt wi' her. It be dark, dark, an' a canna see nowt i' tha spells. Go'a slow, childer, a 'll think on it, an' mappen a 'll can he'p ye yet. If ye hear o' a'wthing, coom by 'n tell ma ; 'n annyways pit a pinch o' salt, a stra'aw, an' a button on the door sil o' nights, an' tha Horrors 'll no can coom ower it, light or no light."

So tha want ther wa'ays ; an' as da'ays want by, an' niver a moon come, nat'rally tha talked—ma word ! a reckon tha *did* ta'alk ! ther tongues wagged like kenna what, at ho'am, an' at th' inn, an i' tha garth. But so come one da'ay, as tha sat on tha gra'at settle i' th' Inn, a man fro' tha fa'ar en' o' th' boglan's was smokin' an listenin', when all to wanst, a sat oop 'n slapt 's knee. " Ma faicks !" sa'ays 'e, " A 'd clean furgot, but a reckon a kens wheer tha moon be !" an' he tellt 'em hoo a wor lost i' tha bogs, an' hoo when a wor nigh de'ad wi' fright, tha loight shone oot, an' a' tha Evil Things fled awa'ay, an' a fund tha pad 'n got ho'am safe.

" An' a wor so mazed wi' fear, loike," says he, "a didn't reetly look wheer the light comed fro'; but a mind fine 'twor saft an' white like tha moon's sel'. An 't comed fro' suthin' da'ark stannin' nigh a black snag i' tha watter. An' a didn't reetly look," says he age'an, " but a seem to mind a shinin' fa'ace an' yaller hair i' the mid' o' the dazzle, an' 't'ad a sort o' kin' look, loike th' aud moon 'asel aboon tha Cars o' nights.

So aff tha a' want to tha wise woman, an' tellt un aboot it, an' a looked lang i' the pot an' tha Book age'an, an' than a nodded 's he'ad.

" Its da'ark still, childer, da'ark !" says she, "an' a canna reetly see owt, but do 's a tell ye, an' ye'll fin' out for yersel's. Go'a all on ye, just afwore the night gathers, pit a sto'on i' yer gobs, an' tak' a hazel twig i' yer han's, an' say ne'er a word till yer safe ho'am age'an. Than wa'alk on an' fear nowt, fair into tha mid' o' tha ma'ash, till ye fin' a coffin, a can'lle, an' a cross. Than ye 'll no be far frae yer moon ; look, and mappen ye 'll fin'.

Tha lookit each at ither, an' scratched the'r heads.

" But wheer 'll us fin' her, mother?" says ane.

" An' hoo 'll us goa ?" says t'other.

" An wull na' tha bogles fett us?" says another, an' so on.

" Houts ! " said she, fratched loike. " Passel o' fools ! A can tell ye nae more; do as a tellt ee 'n fear nowt ; 'n' ef ye don't loike, than sta'ay by tha hoose, an' do wi' outen yer moon ef ye wull."

So cum tha nex' night i' tha darklin's, oot tha want a' thegether, ivery man wi' a sto'on in's moath, an' a hazel-twig in's han', an' feelin', thou mayst reckon, main feared an' creepy. An' tha stummelt an' stottered along tha pads into the mid o' tha bogs ; tha seed nowt, mirover, thoff tha heerd sighin's an' flust'rin's i' ther ears, an' felt cowld wet fingers techin' 'em ; but on tha want, lookin' aroon' for tha coffin, tha can'le, an' tha cross, while tha comed nigh to the pool a side o' tha great snag, wheer the moon lay buried. An' a' towanst tha stopt, quakin' an' mazed an' skeery, fur theer wor tha gra'at sto'an, half in, half oot, o' tha watter,

M 2

19

fur a' th' warl' loike a stra'ange big coffin ; an' at tha he'ad
wor tha black snag, stretchin' oot's twae arms in a dark
grewsome cross ; an' on it a tiddy light flickered, like a
deein' can'le. An' tha a' knelt down i' tha muck, an'
crossed thersel's, an' said, " Our Lord", fu'st for'ard 'cause o'
tha cross, an' then back'ard, to ke'p off tha Bogles ; but
wi'oot sp'akin' out, fur tha kenned as tha Evil Things 'd
catch 'em, ef tha didna do as tha wise woman tellt 'em.

Than tha want nigher, an' tha took hol' on tha big
sto'an, an' shoved un oop, an' arterwards tha said 'at fur
wan tiddy minute, tha seed a stra'ange an' beautiful fa'ace
lookin' oop at 'em glad loike oot o' tha black watter ; but
tha light coomed so quick 'an so white an' shinin', 'at tha
stept ba'ack mazed wi' it, an' wi' tha gre'at angry wail as
coomed fro' tha fleein' Horrors ; an' tha varry nex' minute,
when they could see age'an, theer wor tha full moon i' tha
sky, bright an' beautiful an' kin' 's 'iver, shinin' an' smilin'
doun at 'em, an' makin' tha bogs an' tha pads as clear as
da'ay, an' stealin' into tha varry corners, as thoff she'd ha'
druv tha darkness an' tha Bogles clean awa'ay ef a could.

So ho'am tha Car-fo'ak want, gladly and wi' light hearts ;
an' iver sence tha moon shines brighter 'n clearer ower tha
Bogs than ither wheers ; fur a mind's fine, 'at tha Horrors
coom wi' tha da'ark, an' mischance an' mischief an' a' evil
things, an' 'at tha Car-fo'ak sowt her an' found her, whan
a wor de'ad an' buried i' tha Bog, an' ma'rk my wo'ds, it be
a' true, fur ma gran 'asel a seed the snag wi' its twae arms,
fur a' tha warl' loike a gre'at cross, an' tha green slimy
watter at 's fut, wheer tha poor moon wor buried, an' the
sto'an near by 'at kep' a doun, while tha wise woman sent 's
Car-fo'ak to set a loose, an' pit a in's eky age'an.

The following story is of a different character, more of
what is known among folk-lorists as a Droll. It seems to
be a continuation of the story *Coat o' Clay*, which I sent to
Mr. Lang some time ago, and which was printed by him
in *Longman's Magazine*, and afterwards in FOLK-LORE.
It was told me by the same person.

A POTTLE O' BRAINS.

Once i' these parts, an' not so long gone nayther, there was a fool as wanted to buy a pottle o' brains, for he was iver gettin' into scrapes through his foolishness, an' bein' laughed at by iveryone. Fo'ak tellt him as he could get everything a liked from tha wise woman as lived on the top o' the hill, an' dealt in potions an' herbs an' spells an' things, an' could tell thee all as 'd come to thee or thy folk. So he tellt 's mother, 'n axed her if a should seek tha wise woman 'n' buy a pottle o' brains.

" That ye should," says she : " thou'st sore need o' them, my son ; an' ef a should dee, who'd take care o' a poor fool such 's thou, no more fit to look arter thysel' than an unborn babby ? but min' thy manners, an' speak her pretty, my lad ; fur they wise fo'ak are gey'an light mispleased."

So off he went after 's tea, an' there she was, sittin' by tha fire, an' stirrin' a big pot.

" Good e'en, missis," says he, " its a fine night."

" Aye," says she, an' went on stirring.

" It'll mebbe rain," says he, an' fidgetted from one foot to t'other.

" Mebbe," says she.

" An' mappen 't 'ull no," says he, an' looked out o' the window.

" Mappen," says she.

An' he scratched 's head, an' twisted 's hat.

" Weel," says he, " a can't min' nuthin' else aboot tha weather, but lemme see ; the crops is gittin' on fine."

" Fine," says she.

" An'—an'—tha beasts is fattenin'," says he.

" They are," says she.

" An'—an'—" says he, 'n comes to a stop—" a reckon we'll tackle business noo, hevin' done tha perlite like. Hev' ye ony brains fur to sell ? "

21

"That depen's," says she, "ef thou wants king's brains, or sodger's brains, or schoolme'aster's brains, a dinna keep 'em."

"Hout no," says he, "jist ord'nar brains—fit fur any fool—same 's every one has 'bout here ; suthin' clean common-like."

"Aye so," says tha wise woman, "a' might manage that, ef so be thou'll help thysel'."

"Hoo 's that fur, missis ? " says he.

"Jest so," says she, lookin' in 's pot ; "bring me the heart o' tha thing thou likes best o' all, an' a 'll tell thee where to get thy pottle o' brains."

"But," says he, scratching his head, "hoo can a do that ? "

"That 's no 'on fur me to say," says she, "fin' oot fur thysel', my lad ! ef thou disna want to be a fool a' thy days. But thou 'll hev' to read me a riddle so 's a can see thou 'st brought the reet thing, an' ef thy brains is 'boot thee. An' a 've suthin' else to see to," says she, "so gode'en to 'ee," and she carried the pot away wi' her into tha back place.

So off goes the fool to 's mother, an' tellt her what tha wise woman said.

"An' a reckon a 'll hev to kill that pig," says he, "fur a like fat bacon better nor iverythin'."

"Then do 't, my lad," said 's mother, "fur sartain 't 'ull be a stra'ange an' good thing fur 'ee, ef thou canst buy a pottle o' brains, an' be able to look arter thy ain sel'."

So he killed 's pig, an' nex' day off a went to tha wise woman's cottage, an' there she sat, readin' in a great book.

"Gode'en, missis," say he, "a 've brought thee tha heart o' tha thing a likes best o' all ; an' a put it hapt i' paper on tha table."

"Aye so?" says she, an' looked at him through her spec'itals. "Tell me this then, what rins wi'oot feet ?"

He scratched 's head, an' thowt, an' thowt, but a couldn't tell.

"Go thy ways," says she, " thou'st no fo't me the reet thing yet. I'se no'on brains fur 'ee to-day". An' she clapt the book togither, an' t'orned 's back.

So off tha fool went to tell 's mother.

But as a got nigh the hoose, oot came fo'ak runnin' to tell un 'at 's mother was decin'.

An' when he got in, 's mother ony looked at un, an' smiled, 's if to say she could leave un wi' a quiet min, sence a'd got brains 'nuff noo to look arter 's sel'—an' then she dee'd.

So doun a sat, an' the more a thowt aboot it the badder a feeled. He minded hoo she'd nuss't un when a wor a tiddy brat, an' he'ped un wi' 's lessons, an' cooked 's dinners, an' mended 's clouts, an' born wi' 's foolishness ; an' a felt sorrier 'n' sorrier, while a began to sob an' greet.

"Oh, mother, mother !" says he, "who'll tak' care on me noo ! Thou shouldn't hev' lef' me alo'an, fur a liked thee better nor iverything !"

An' as he said that, he thowt of the words o' the wise woman. "Hi, yi !" says he, "must a cut oot mother's heart an' tak' it to her ? A disna like the job," an' he took oot a knife an' felt 's edge.

"No ! a can't do 't," says he. "What'll a do ! what'll a do to get that pottle o' brains, noo a'm alone i' the worl'?" So a thowt an' thowt, an' next day a went an' borrowed a sack, an' bundelt 's mother in, an' carried it on 's showther up to th' wise woman's cottage.

"Gode'en, missis," says he, "a reckon a 've fo't 'ee the reet thing this time, sure*ly*," an' he plumped the sack down kerflap ! in the doorsil.

"Mebbe," says the wise woman, "but read me this, noo, what's yaller an' shinin' but isna goold ?"

An' he scratched 's head, an' thowt, an' thowt, but a couldna tell.

"Thou'st no hit the reet thing, my lad," says she. " I

doubt thou's a bigger fool nor a thought!" an' shut the door in 's face.

" See there!" says he, an' sets doun by tha road side an' greets.

" A've lost tha on'y twae things as a cared for, an' what else can a fin' to buy a pottle o' brains wi'!" an' he fair howled, till tha tears ran doun into 's mooth. An' oop came a lass as lived gainhand, an' looked at un.

" What's oop wi' thee, fool?" says she.

" Oo a's killed ma pig, 'n lost my mother, an' a'm nobbut a fool mysel'," says he, sobbin'.

" That's bad," says she; "an' hevna thee anybody to look arter thee?"

" Naw," says he, " an' a canna buy my pottle o' brains fur thurs nuthin' a like best lef'!"

" What art ta'alkin' aboot"! says she.

An' doun she sets by him, an' he tellt her all aboot the wise woman an' the pig, an' 's mother an' the riddles, an' 'at he was alo'an i' the warld.

" Weel," says she, " a wouldn't min' lookin' arter thee mysel'."

" Could thee do 't?" says he.

" Ou, ay!" says she, "fo'ak says as fools mak' good husban's, an' a reckon a'll hev thee, ef thou'st willin'."

" Can'st cook?" says he.

" Ay, a can," says she.

" An' scrub?" says he.

" Surely," says she.

" An' men' ma clouts?" says he.

" A can that," says she.

" A reckon thou'lt do then 's weel 's anybody," says he; " but what 'll a do 'bout this wise woman?"

" Oh, wait a bit," says she, "suthin' mowt turn up, an' it 'll no matter ef thou 'rt a fool, s' long 's thou'st got me to look arter thee."

" That's true," says he, an' off tha went and got married.

An' she kept 's house so clean an' neat, an' cooked 's dinner so fine, 'at one night a says to her :

"Lass, a 'm thinkin' a like thee best o' iverything, arter all."

"That's good hearin'," says she, "an' what then ?"

"Hev 'a got to kill thee, dost think, an' take thy heart oop to the wise woman for that pottle o' brains ?"

"Laws, no !" says she, lookin' skeered, "a winna hev' that. But see here ; thou didn't cut oot thy mother's heart, did tha ?"

"Naw ; but if a had, mebbe a'd a got my pottle o' brains," says he.

"Not a bit o't," says she ; "jist thou take me 's a be, heart 'n all, 'n a wager a 'll help thee read the riddles."

"Can thee so ?" says he, doubtful like ; "a reckon thon 's too hard for wimmen fo'ak."

"Weel," says she, "let 's see noo. Tell 's the first 'un."

"What rins wi' oot feet ?" says he.

"Why, watter !" says she.

"It do," says he, an' scratched 's head.

"An' what 's yaller an' shinin', but isna goold ?"

"Why, the sun !" says she.

"Faix, it be !" says he. "Coom, us 'll go oop to the wise woman towanst," and off they went. An' as they comed oop the pad, she wor sittin' at the door, twinin' straws.

"Gode'en, missis," says he.

"Gode'en, fool," says she.

"A reckon a 's fo't 'e the reet thing to last," says he, "thoff a hevn't azac'ly cut th' heart oot, it be so moocky wark."

The wise woman looked at 'em both, an' wiped her spec'itals.

"Canst tell me what that be, as has first nae legs, an' then twae legs, an' en's wi' fower legs ?"

An' the fool scratched 's head, an' thowt, an' thowt ; but a couldna tell.

An' the lass whispered in 's ear :

"It be a tadpole."

"Mappen," says he then, "it mout be a tadpole, missis."

The wise woman nodded 's head.

"That 's rect," says she, "an' thou'st got thy pottle o' brains a'ready."

"Wheer be they?" says he, lookin' aboot, an' feelin' in 's pockets.

"In thy wife's head," says she. "The on'y cure fur a fool 's a good wife to look arter 'n, an' that thou'st got; so gode'en to 'ee!" An' wi' that she nodded to 'em, an' up and into the hoose.

So they went ho'am together, an' a niver wanted to buy a pottle o' brains age'an, fur 's wife 'ad enuff fur both.

LEGENDS OF THE LINCOLNSHIRE CARS.—PART II.

INTRODUCTION.

IN the last number of FOLK-LORE were given three tales, collected, along with some others, during my residence in the northern districts of Lincolnshire; when I also described, so far as possible, the country and surroundings in which dwell the people amongst whom these legends have originated. It is not easy, in so short a notice, to present vividly the curious mixture of rusticity and savagery, of superstition and indifference, of ignorance and shrewdness, which is found in these peasants, and it would require greater powers than I possess to do justice to them in a more finished study. During the comparatively short time I spent amongst them, close observance of their ways of life and thought assured me that the old and simple heathendom still lay untouched, though hidden, below successive varnishes of superstition, religion, and civilisation.

Perhaps some other time I may be permitted to show how this betrays itself, even in the vulgar speech and common life, and amongst those, moreover, whom one would have thought to be above the reach of it; but the leaven of the ancient paganism has spread itself throughout the mass,

till there are few in whom some trace of it, however un-
conscious, may not be found.

The following tales were collected in the same district.
They are, perhaps, more commonplace than "Tiddy
Mun" or "The Dead Moon", but much depends on the
narrator, and these four were told by men who had not a
strong and instinctive sense of the dramatic art of story-
making. I may say, in spite of their receptiveness towards
things marvellous, that they were otherwise practical and
somewhat unimaginative, and accepted the tales they had
heard from their fathers, with respect, indeed, but content
not to ask themselves for absolute belief. Thus it is more
as vestiges of a bygone religion that these tales may
interest, than as samples of modern credulity.

In the "Green Mist" and "The Strangers' Share", for
instance, there are traces of ancient rites, faithful of ob-
servance, but emptied of their primitive devotion, which
lead us back into a very dim and misty region before the
lamp of history was lit to light the way. And in "The
Dead Hand" there is an intimate acquaintance with the
bog-spirits that contrasts oddly with the later influence of
modern Christianity in the almost biblical lamentation of
the mourning mother.

There are still by me the notes from one or two tales
treating of death and the after-life, and at least one which
shows the curious unconscious immorality of very primitive
minds—the immorality which is reflected in our most
familiar fairy tales, where murder and theft and lying are
often accepted as the natural path towards success, as well
in the lives of these wonderful cold-blooded barbaric
princes and princesses of storydom, the ideals of our child-
hood, as in the simpler but perhaps more poetic legends
still lingering amid the people in this lonely corner of the
Parts of Lindsey.

"THE GREEN MIST."

So thou 'st heerd tell o' th' boggarts an' all the horrid things o' th' au'd toimes? Ay ; they wor mischancy, onpleasant sort o' bodies to do wi', an' a 'm main glad as they wor all go'an afore ma da'ays. I ha' niver seed nowt o' that sort ; cep' mappen a bogle or so—nuthin wu'th tellin' of. But if thou likes them sort o' ta'ales, a can tell 'ee some as ma au'd gran'ther tould us when a wor nobbut a tiddy brat. He wor main au'd, nigh a hunner year, fo'ak said ; an' a wor ma fa'ather's gran'ther reetly speakin', so thou can b'leeve as a knowed a lot 'bout th' au'd toimes. Mind, a wunnut say as ahl th' ta'ales be tre-ue ; but ma gran'ther said as they wor, and a b'leeved un ahl hissel'. Annyways a 'll tell um as a heerd um ; and that's ahl as a can do.

Wa'al, i' they toimes fo'ak mun ha' bin geyan unloike to now. 'Stead o' doin' their work o' da'ays, 'n smokin' ther pipes o' Sundays, i' pe'ace 'n comfort, tha wor allus botherin' ther he'ads 'bout summat 'r other—or the cho'ch wor doin' it for 'um. Th' priests wor allus at 'un 'bout thur sowls ; an', what wi' hell an' th' boggarts, ther moinds wor niver aisy. An' ther wor things as didn't 'long to th' cho'ch, an' yit—a can't reetly 'splain to 'ee ; but th' fo'ak had idees o' ther o'an, an' wa'ays o' ther o'an, as 'a'd kep' oop years 'n years, 'n *hunnerds* o' years, since th' toime when ther worn't no cho'ch, leastwise no cho'ch o' that sort ; but tha gi'n things to th' bogles 'n sich, to ke'p un friendly. Ma gran'ther said 's how the bogles 'd wanst bin thowt a deal more on, an' at da'arklins ivery noight th' fo'ak 'd bear loights i ther han's roon' ther ha'ouses, sa'ain' wo'ds to ke'p 'um off ; an' a 'd smear blo'od o' th' door-sil' to skeer awa'ay th' horrors ; an' a'd put bre'ad and salt o' th' flat stouns set oop by th' la'ane side to get a good ha'arvest ; an' a'd spill watter i' th' fower co'ners o' th' fields, when a wanted ra'in ; an' they thowt a deal on th' sun, fur

S 2

29

tha reckoned as a ma'ade th' yarth, an' brout th' good an ill
chances an' a do'ant know what ahl. A can't tell 'ee reetly
what they b'leeved ; fur 'twor afore ma gran'ther's toime,
ahl that ; an' that's more'na hunnerd 'n fifty years agone,
seest-tha ; but a reckon tha made nigh iverythin' as they
seed 'n heerd into sort o' gre'at bogles ; an' tha wor allus
gi'un 'um things, or sa'ayin' so't o' prayers loike, to keep
um fro' doin' th' fo'ak anny evil.

Wa'al that was a long toime agone, as a said afore, an'
twor no'on so bad i' ma gran'ther's da'ay ; but, natheless,
'tworn't furgot, an' some o' th' foak b'leeved it ahl still, an'
said ther au'd prayers or spells-loike, o' th' sly. So ther wor,
so to sa'ay, two cho'ches ; th' wan wi' priests an' can'lles,
an' a' that ; th' other jist a lot o' au'd wa'ays, kep 'oop ahl
onbeknown an' hidden-loike, mid th' fo'ak thersels ; an'
they thowt a deal more, ma gran'ther said, on th' au'd spells,
's on th' sarvice i' th' cho'ch itsel.' But 's toime want on
tha two got so't o' mixed oop ; an' some o' tha fo'aks cudn't
ha' tould thee, ef 'twor fur won or t' other as tha done th'
things.

To Yule, i th' cho'ches, thur wor gran' sarvices, wi' can'lles
an' flags an' what not ; an' i' th' cottages thur wor can'lles
'n ca'akes 'n gran' doin's ; but tha priests niver knowed as
mony o' th' foak wor on'y wakin' th' dyin' year, an' 'at tha
wine teemed upo' tha door-sil to first cock-crow wor to
bring good luck in th' new year. An a' reckon some o' th'
fo'ak thersells 'd do th' au'd heathen wa'ays 'n sing hymns
meantime, wi' neer a thowt of tha stra'angeness o't.

Still, thur wor many 's kep' to th' au'd wa'ays ahl to-
gither, thoff tha done it hidden loike ; an' a'm goin' to tell
ee of wan fam'bly as ma gran'ther knowed fine, and how
they waked th' spring wan year.

As a said afore, a can't, even ef a wud, tell'ee ahl th'
things as tha useter do ; but theer wos wan toime o'th
year 's they p'rtic'larly want in fur ther spells 'n prayers,
an' that wor th' yarly spring. Tha thout as th' yarth wor
sleepin' ahl th' winter ; an' at th' bogles—ca'all um what ee

wull—'d nobbut to do but mischief, fur they'd nowt to see
to i' tha fields ; so they wor feared on th' long da'ark winter
days 'n noights, i' tha mid' o ahl so'ts o unseen fearsome
things, ready 'n waitin' fur a chance to pla'ay un evil tricks.
But as tha winter want by they thout as 'twor toime to
wake th' yarth fro 'ts sleepin' 'n set the bogles to wo'k,
care'n' fur th' growin' things 'n bringin' th' harvest. Efter
that th' yarth wor toired, an' wor sinkin' to sleep agean ;
an' tha useter sing hushieby songs i' tha fields o' th' A'tum
evens. But i' th' spring, tha want—tha fo'ak did as b'leeved
in th' au'd wa'ays—to every field in to'n, 'n lifted a spud o'
yarth fro' th' mools ; an' tha said stra'ange 'n quare wo'ds,
as tha cudn't sea'arce unnerstan' thersel's; but th' same as' 'd
bin said for hunnerds o' ye'ars. An' ivery mornin' at th'
first dawn, tha stood o' th' door-sil, wi' salt an' bread i' ther
han's, watchin' 'n waitin' for th' green mist 's rose fro th'
fields 'n tould at th' yarth wor awake agean ; an' th' life wor
comin' to th' trees an' the pla'ants, an' th' seeds wor bustin'
wi' th' beginning o' th' spring.

Wa'al ther wor wan fam'bly as 'd done ahl that, year
arter year, fro's long as they knowd of, jest 's ther gran-
'thers 'd done it afore un ; an' wan winter e'n, nigh on a
hunnerd n' thutty year gone to now, tha wor makin' ready
for wakin' the spring. Th' 'ad had a lot o' trooble thruff th'
winter, sickness 'n what not 'd bin bad i' th' pla'ace ; an' th'
darter, a rampin' young maid, wor grow'd whoite 'n wafflin'
loike a bag o' bo'ans, stead o' bein' th' purtiest lass i' th'
village as a'd bin afore. Day arter da'ay a growed whiter
'n sillier, till a cudn't stan upo's feet more 'n a new born
babby, an' a cud on'y lay at th' winder watchin' an' watchin'
th' winter crep' awa'ay. An' "Oh mother," a'd kep sa'ayin'
ower 'n ower agin ; "ef a cud on'y wake th' spring with 'ee
agin, mebbe th' Green Mist 'd mek ma strong 'n well, loike
th' trees an' th' flowers an' th' co'n i' th' fields."

An' tha mother 'd comfort her loike, 'n promise 'at she'd
coom wi' em agean to th' wakin', an' grow 's strong 'n
straight 's iver. But da'ay arter da'ay a got whiter 'n

wanner, till a looked, ma gran'ther said, loike a snow-fla'ake fadin' i' th' sun ; an' day arter da'ay' th' winter crep by, an' th' wakin' o' th' spring wor amost theer. Th' pore maid watched 'n waited for th' toime fur goin' to th' fields ; but a 'd got so weak 'n sick 'at a knowed a cudn't git ther wi' th' rest. But a wudn't gi'n oop fur ahl that ; an' 's mother mun sweer 'at she 'd lift th' lass to th' door-sil, at th' comin' o' the Green Mist, so 's a mowt toss oot th' bread 'n salt o' th' yarth her o'an sel' an' wi' her o'an pore thin han's.

An' still th' da'ays went by, an' th' foak wor goin' o' yarly morns, to lift the spud i' th' fields ; an' th' comin' o' th' Green Mist wor lookit for ivery dawning.

An wan even th' lass, as 'd bin layin', wi 's eyne fixed o' th' little gy'arden said to 's mother :

" Ef tha Green Mist don't come i' tha morn's dawnin'—a'll not can wait fur 't longer. Th' mools is ca'allin' ma, an' tha seeds is brustin' as'll bloom ower ma he'ad; a know't wa'al, mother—'n yit, if a cud on'y see th' spring wake wanst agin ! —mother—a sweer a'd axe no more 'n to live 's long 's wan o' them cowslips as coom ivery year by th' ga'ate, an' to die wi' th' fust on 'em when tha summer 's in."

The mother whisht tha maid in fear ; fur tha bogles 'n things as they b'leeved in wor allus gainhand, an' cud hear owt as wor said. They wor niver sa'afe, niver aloan, the pore fo'ak to than, wi' th' things as tha cudn't see, an' cudn't he'ar, allus roon 'em. But th' dawn o' th' nex' da'ay browt th' Green Mist. A comed fro' th' mools, an' happed asel' roon' iverythin', green 's th' grass i' summer sunshine, 'n sweet-smellin 's th' yarbs o' th' spring ; an' th' lass wor carried to th' door-sil, wheer a croom'led th' bread 'n salt on to th' yarth wi' 's o'an han's an' said the stra'ange au'd wo'ds o' welcoming to th' new spring. An a lookit to the ga'ate, wheer th' cowslips growed, an' than wor took ba'ack to 's bed by th' winder, when a slep loike a babby, an' dreamt o' summer an' flowers an' happiness. Fur fither 'twor th' Green Mist as done it, a can't tell'ee more 'n ma gran'ther said, but fro' that da'ay a growed stronger 'n prettier nor iver, an' by th' toime th' cowslips wor buddin' a wor runnin' aboot, an' laughin' loike a very sunbeam i' th' au'd cottage. But ma gran'ther tould 's as a wor allus so white 'n wan, while a lookit loike a will-o-th'-wyke flittin' aboot ; an' o th' could da'ays a'd sit shakin' ower th' foire, an' 'd look nigh de'ad, but whan th' sun 'd coom oot, a'd da'ance an' sing i' th' loight, 'n stretch oot 's arms to 't 'sif a on'y lived i' th' warmness o' t. An' by 'n by th' cowslips brust ther buds, an' coom i' flower, an' th' maid wor growed so stra'ange an' beautiful 'at they wor nigh feared on her —an' ivery mornin' a'd kneel by th' cowslips 'n watter 'n tend 'em 'n da'ance to 'em i th' sunshine, while th' mother 'd stan' beggin' her to leave 'em, 'n cried 'at she'd have 'em pu'd oop by th' roots 'n throwed awe'ay. But th' lass 'd on'y look stra'ange at a, 'n sa'ay—soft 'n low loike :

" Ef thee are'nt tired o' ma, mother—niver pick wan o' them flowers ; they'll fade o' ther sel's soon enuff—ay, soon enuff—thou knows !" An' tha mother 'd go'a back to th' cottage 'n greet ower th' wo'k ; but a niver said nowt of her trooble to th' neebors—not till arter'ds. But wan da'ay a lad o' th' village stopped at th' ga'ate to chat wi 'em, an' by-'n-by, whiles a wor gossipin' a picked a cowslip 'n pla'ayed wi 't. Th' lass didn't see what a'd done ; but as he said goodbye, a seed th' flower as 'd fa'allen to th' yarth at 's feet. "Did thee pull that cowslip?" a said—lookin' stra'ange 'n white wi' wan han' laid ower her he'art.

" Ay" said he—'n liftin' 't oop, a gi'n it to her smilin' loike, 'n thinkin' what 'n 'a pretty maid it wor.

She looked at th' flower an' at th' lad, an' ahl roon' aboot her ; at th' green trees, an' th' sproutin' grass, an' th' yaller blossoms ; an' oop at th' gowlden shinin' sun itsel'; an' ahl to wanst, shrinkin' 's if th' light a 'd loved so mooch wor brennin' her, a ran into th' hoose, wi' oot a spoken wo'd, on'y a so't o' cry, loike a dumb beast i' pain, an' th' cowslip catched close agin her bre'ast.

An' then—b'leeve it or not as 'ee wull—a niver spo'ak agin, but la'ay on th' bed, starin' at th' flower in 's han' an' fadin'

33

as it faded ahl thruff th' da'ay. An' at th' dawnin' ther wor on'y layin' o' th' bed a wrinkled, whoite, shrunken dead thing, wi'in 's han' a shrivelled cowslip ; an' th' mother covered 't ower wi' th' clo's an' thowt o' th' beautiful joyful maid da'ancin' loike a bird i' th' sunshine by th' gowden noddin' blossoms, on'y th' da'ay go'an by. Th' bogles 'd heerd a an' a'd gi'n 's wish ; a'd bloomed wi' th' cowslips an' a'd fa'ded wi' th' first on 'em! and ma gran'ther said as 'twor ahl 's treue 's de'ath!

"YALLERY BROWN."

A've heerd tell as how tha bogles an' boggarts wor main bad in tha au'd toimes, but a can't reetly sa'ay as a iver seed ony o' un masel' ; not reetly bogles, that is, but a'll tell thee 'bout Yallery Brown—ef a wornt a boggart, a wor main near it, an' a knowed un masel'. So its a'al true— stra'ange an' true a' tell thee.

A wor workin' on tha High Farm to than, an' nobbut a lad o' sixteen or mebbe aw'teen years—an' ma mither an' foaks doolt down by tha pond yonner, at tha far en' o' tha village. A had tha stables 'n such to see to, an' tha hosses to he'p wi', an' odd jobs to do, an' tha wo'k wor ha'ard, but tha pay good. A reckon a wor an idle scamp, fur I cudn't abide ha'ard wo'k, an a lookit forrard a'al tha week to Sundays, when a'd wa'alk doon hoam, an' not go'a back till darklins. By tha green lane a cud get to tha fa'arm in a matter o' twenty minutes, but ther used ter be a pa'ad 'cross tha west field yonner, by tha side o' tha spinney, an' on past tha fox cover an' so to tha ramper, an' a used ter go'a that aw-a'ay ; 'twor longer for one thing, an' a worn't niver in a hurry to get ba'ack to tha wo'k', an' t'wor still an' pleasant loike o' summer noights, oot i' tha broad silent fields, mid tha smell o' tha growin' things. Fo'ak said as tha spinney wor ha'anted, an' fur sure a ha' seed lots o' fairy stones an' rings an' that, 'long tha grass edge ; but a niver seed nout i' tha way o' horrors an' boggarts, let alone Yallery Brown, as a sa'aid afore. But theer, a must git on fa'aster. Wan Sunday a wor wa'alkin' 'cross tha west field, 'twer a beautiful July noight, wa'arm an' still an' th' air wor full o' little sounds 's thoff tha trees' 'n grass wor chatterin' to ther-sels. An a'al to wanst ther cam a bit ahead o' me the pitifullest greetin' 's 'iver a heerd, sob, sobbin', loike a barn spent wi' fear, an' nigh heart-bro'aken ; breakin' aff into a moan an' thin risin' agean in a long whimperin' wailin' 'at ma'ade ma feel sick nobbut to ha'ark to 't. A wor allus fon' o' babbies, too, an' a began to look iverywheers fur tha pore creetur. " Mun be Sally Bratton's", a thout to masel' ; " a wor allus a floighty thing, an' niver looked arter th' brat. Like 's not, a's fla'antin' 'bout th' la'anes, an 's clean furgot tha babby." But thoff a looked an' looked, a cud see nowt. Na'athless tha sobbin' wor at ma very ear, so tired loike 'n sorrowful that a kep' cryin' oot—" Whisht, barn, whist ! a'll tak thee ba'ack to tha mither ef thee'lt on'y hush tha greetin'."

But fur a'al ma lookin' a' cud fin' nowt. A keekit unner tha hedge by tha spinney side, an' a clumb ower 't, an' a sowt up an' doon by, an' mid tha trees, an' throff tha long grass an' weeds, but a on'y froighted some sleepin' birds, an' sting'd ma own ha'ands wi' tha nettles. A fa'ound nowt, an' a fair' guv' oop to la'ast ; so a stood ther scra'atchin' ma hee-ad an' clean be't wi' 't a'al, an' presently tha wimperin' gat louder 'n stronger i' tha quietness, an' a thout a cud mak' oot wo'ds o' some so't. A harkened wi' a'al ma ears, an' tha sorry thing wor sa'ayin' a'al mixed oop wi' sobbin'—

" O, oh ! tha stoan, tha great big stoan ! ooh ! ooh ! tha stoan on top !"

Natrally a won'ered wheer tha stoan mowt be, an' a lookit agean, an' theer by tha hedge bottom wor a gre'at flat sto'an, nigh buried i' tha mools, an' hid i' tha cotted grass an' weeds. Won o' they stoans as wer used to ca'all tha " Strangers' Tables"—what sa'ay—Oh! a'll tell thee 'bout 'em efter'ds, but tha Stra'angers (tha'at 's tha good fo'ak, seest tha) da'anced on un o' moonloight noights 'n so a wor niver maddled wi', nat'rally ; 't is ill luck, thou knaws't, t' cross tha

Tiddy People. Hawiver, doon a fell on ma knee-bones by
tha stoan, an' harkened agean. Clearer nor iver, but tired
an' spent wi' greetin' cam tha little sobbin' voice—" Ooh!
ooh! tha stoan, tha stoan on top." A wor gey'an mis-
loiken' to maddle wi' tha thing, but a cudna stan' tha whim-
perin' babby, an' a tore loike mad at the stoan, till a felt un
liftin' fro' tha mools, an' a'al to wanst a cam wi' a sough,
oot o' tha damp yarth an' tha tangl'd grass 'n growin'
things. An' ther, i' tha ho'al la'ay a tiddy thing on 's ba'ack,
blinkin' oop at tha moon an' at me. 'Twor no'an bigger 'n a
ye'ar au'd brat, but a'd long cotted hair an' beard, twisted
roon' an' roon's body so's a cudna see's clouts ; an' tha hair
wer a'al yaller an' shinin' an' silky, loike a barn's ; but tha
face o't wor au'd an' 's if t'wer hunnerds o' years sin' 'twer
young an' smooth. Just a he'ap o' wrinkles, an' two bright
bla'ack eyne i' tha mid, set in a lot o' shinin' yaller hair ; an'
tha skin wor tha colour o' tha fresh turned yarth i' tha spring
—brown 's brown cud be, an's barehan's an' feet wor brown
loike the fa'ace o' un. Tha greetin' 'd stoppit, but tha tears
wor stannin' on's cheek, an' tha tiddy thing looked mazed
loike i' tha moonshine an' tha night air. A wor wonnerin'
what a'd do, but by en by he scrammell'd oot o' tha ho'al,
an' studd lookin' 'bowt un, an' at masel'. He wor'nt oop
to ma knee, but a wor tha quarest creetur a iver set eyes on.
Brown an' yaller a'al over ; yaller an' brown, as a towd tha
afwore, an' wi' sich 'n a glint in 's eyne, an' sich 'n a weezen'd
fa'ace, 'at a felt feared on un, fur a'al 's wor so tiddy 'n
au'd.

Tha creetur's eyne got some used loike to tha moonloight,
an' presently a lookit oop i' ma fa'ace 's bould 's iver wor.
" Tom," says he, " thou'st a good lad !" 's cool 's thou can
think, says he, " Tom, thou'st a good lad !" an's voice wor
soft an' high an' pipin' loike a little bird twitterin'.

A touched ma hat, an' began to think what a'd oughter
sa'ay ; but a wer clemmed wi' froight an' a cudn't open ma
gob. " Houts !" says tha thing agean, " Tha needn't be
feared o' me ; thou'st done me a better to'n nor tha knowst,

36

ma lad, an' a'll do 's much fur thee." A cudn't speak yet, but a thowt, " Lord ! fur sure 'tis a bogle !"

" Noa !" says he 's quick 's quick, "a be no'on a bogle, but tha best not ask ma what a be ; annyways a be a good friend o' thine." Ma very knee-bones struck, for sartainly an ord'ner body cudn't ha' know'd what a'd been thinkin' to masel', but he looked sae koind loike, an' spoke sae fair, tha'at a ma'ade bold to get oot, a bit quavery loike—

" Mowt a be axin' to know'a yer honour's neame ?"

" H'm," sa'ays he, pullin' 's beard, "as for tha'at"—an' he thow't a bit—"ay so," he went on to la'ast, " Yallery Brown tha may'st ca'al me, Yallery Brown ; t'is ma natur seest tha, an' as for a neame 't will do 's well 's on'y other. Yallery Brown, Tom, Yallery Brown 's thy friend, ma lad."

" Thankee, measter," sa'ays a, quite meek loike.

" An' now," he sa'ays, " a 'm in a hurry to noight, but tell me quick, wha'at 'll a do fur tha. Wilt hev' a wife ? A can give tha tha rampinist lass i' tha toun. Wilt be rich ? A 'll give thee gould 's much as thou can carry ; or wilt have he'p wi' thy wo'k ? On'y say tha wo'd."

A scrach't ma he'ad. " Well, 's fur a wife, a hev no hankerin' efter sich ; they're but bothersome bodies, an' a hev wimmen fo'ak to hoam as 'll men' ma clouts ; an' fur gou'd tha'at 's as may be," fur, seest thou, a thowt he wor ta'alkin' on'y ; an mebbe he cudna do 's much 's he sa'aid, "but for wo'k, theer, I cayn't abide wo'k, an' ef thou 'lt give ma a he'pin' hand in 't a 'll thank"—" Stop," sa'ays he, quick 's lightenin', "a 'll he'p tha 'n welcome, but ef iver tha sa'ayst *tha-at* to ma—if ever tha *tha'ank* ma, seest tha? thou 'lt niver see ma more. Min' that now ; a *wa'ant* no tha'anks, a 'll *hev* no tha'anks, do' tha hear?" an' he stampt 's tiddy foot on tha yarth an' looked 's wicked 's a ragin' bull.

" Min' tha'at now, grea'at lump 's tha be," he we'ent on, ca'almin' doun a bit, "an' ef iver tha need 's he'p, or gets into troobla, call on ma an' jist sa'ay, ' Yallery Brown, come fro tha mools, a want tha !' an' a 'll be wi' tha to wanst ; an' now," says he, pickin' a dandelion puff, "good noight to tha," an' he blowed it oop, an' it a'al coom in ma eyne an' ears. Soon 's a cud see agean tha tiddy creetur wor go'one, an but fur tha stoan on en' an' tha ho'al at ma feet, a 'd a thowt a 'd bin dreamin'.

Well, a want ho'am an' to bed ; an' by tha mo'nin' a'd nigh furgot ahl aboot 'un. But when a went to th' wo'k, thur wor none to do ! ahl wor done a'ready, th' hosses seen to, tha stables cleaned oot, iverythin' in 's proper pla'ace, an' a 'd nowt to do but sit wi' ma han's in ma pockets. An' so 't went on da'ay arter da'ay, ahl th' wo'k done by Yallery Brown, 'n better done, too, than a cud ha' done 't masel'. An' ef tha measter gi'n ma more wo'k, a sat doon by, an' tha wo'k done itsel', tha singin' irons, or tha besom, or what not, 'set to, an' wi' ne'er a han' put to un' 'd get thruff in no toime. Fur a niver seed Yallery Brown o' da'ay-light ; on'y in th' da'arklins a ha seed un hoppin' aboot, loike a wull-o-th'-wyke wi'oot 's lanthorn.

To fust, 'twor mighty fine fur ma ; a 'd nowt to do'a, an' good pa'ay fur 't ; but by-'n-by, things 'gun to go arsy-varsy. Ef tha wo'k wor done fur me'a, 'twor *un*done fur th' other lads ; ef *ma* boockets wor filled, *theers* wor oopset ; ef *ma* tools wor sha'arped, theers wor blunted 'n sp'iled ; ef *ma* hosses wor cle'an 's daisies, *theers* wor spla'ashed wi' moock, an' so on ; day in an' da'ay oot, 'swor allus the se'ame. An' th' lads seed Yallery Brown flittin' aboot o' noights, an' tha seed tha things wo'kin' wi'oot han's o' da'ays, an' tha seed as ma wo'k wor done fur ma, an theers *un*done fur them ; an' nat'rally they 'gun to look shy on ma, an' tha wudn't spe'ak or coom nigh ma, an' tha carried ta'ales to th' measter an' so things want fro' bad to wuss.

Fur, seest tha? a cud do nothin' masel'; tha brooms wud'nt sta'ay in ma han', th' plough ran awa'ay fro' ma, th' hoe kep' oot o' ma grip. A'd thowt oft as' a'd do ma o'an wo'k arter all, so's mebbe Yallery Brown 'd leave me 'n ma neebours alo'an. But a cudn't—treue 's de'ath a cudn't. A cud on'y sit by 'n look on, 'n hev th' could shouther to'ned on ma, whiles th' onnat'ral thing wor maddlin' wi' th' others, 'n wo'kin' fur me'a.

To last, things got so bad that th' measter gi'n ma tha sack, 'n ef he hadn't, a do b'leeve as ahl th' rest o' th' lads 'd a sacked *him*, fur tha swore as tha'd not sta'ay on sa'ame garth wi' mea. Well, nat'rally a felt bad ; 'twor a main good pla'ace, an' good pa'ay too ; an' a wor fair mad wi' Yallery Brown, as 'd got ma into sich 'n a trooble. So afore a knowt a shuk ma fist i' th' air an' called oot 's lood 's a cud, "Yallery Brown, coom fra tha mools; thou scamp, a want tha !"

Thou'll sca'arce b'leeve it, but a 'd 'ardly brung oot th' wo'ds as a felt suthin' tweakin' ma leg behin', while a joomped wi' th' smart o' 't; and soon 's a looked doon, theer wor th' tiddy thing, wi' 's shinin' hair, 'n wrinkled fa'ace, an' wicked glintin' black eyne.

A wor in a fine rage, an' 'd loiked to ha' kicked un, but 'twor no'on good, there worn't enuff on un to git ma boot agin'; but a said to-wanst, " Look here, measter, ahl thank thee to leave ma alo'an arter this, dost hear? a want none o thy he'p, an' a'll hev nowt more to do with ee—see now."

Th' horrid thing brak oot wi' a screechin' laugh, an' p'inted 's brown finger at ma. " Ho, ho, Tom !" says a. " Thoust tha'anked me, ma lad, an' a towld thee not, a towld thee not !"

" A don't want thy he'p, a tell thee," a yelled at un—" a ony want niver to see thee agean, an' to ha' nowt more to do with 'ee—thou can go—" but a won't tell 'ee ahl a said, fur a wor fair ma'ad.

Tha thing on'y laught' 'n screeched 'n mocked, 's long 's a went on sweerin', but so soon 's ma bre'ath gi'n oot,—

" Tom, ma lad," he said wi' a grin, " a'll tell'ee summat, Tom. True 's tre-ue a'll niver he'p thee ag'ean, an' call 's thou will, thou'll niver see ma arter to-da'ay ; but a niver said 's a 'd leave thee alo'an, Tom, an' a niver wull, ma lad ! A wor nice an' sa'afe unner th' stoun, Tom, an' cud do no ha'arm ; but thou let ma oot thy-sel', an' thou can't put ma back agean ! A wud ha bin thy friend 'n wo'k fur'ee ef thou 'd a bin wise ; but sin thou bee'st no more 'n a born fool a'l give 'ee no more 'n 'a born fool's luck ; an' when all goes arsy-varsy, an iverythin' a gee—thou'll mind as its Yallery Brown's doin', thoff mappen thou disn't see un. Ma'ark ma wo'ds, wull ee ?"

An he 'gan to sing, dancin' roon' ma, loike a barn wi' 's yaller hair, but lookin' au'der nor iver wi' 's grinnin' wrinkled bit o' a fa'ace :

> " Wo'k as thou wull
> Thou'll niver do well ;
> Wo'k as thou mowt
> Thou'll niver gain owt;
> Fur harm an' mischance an' Yallery Brown
> Thou 's let oot thy-sel' fro' unner th' sto'an."

A ! a said they very wo'ds, an' they ha ringed in ma ears iver sence, over 'n over agean, loike a bell tollin' fur tha buryin', an' facks, it *wor* th' buryin' o' ma luck—fur a niver 'd any sence. Hawiver, th' imp stood theer mockin' 'n grinin' at ma, an' choocklin' loike th' au'd de'il's o'an wicked se'f.

An', man !—a can't reetly min' what he said nex'. 'Twor ahl cussin' 'n callin' doon' misfortin on ma ; but a wor so ma'azed in froight that a cud on'y stan' theer, shakin' all ower ma, 'n starin' doon at th' horrid thing ; an' a reckon ef he'd a gone on long, a 'd a tummelt doon in a fit. But by-'n-by, 's yaller shinin' hair—a can't abide yaller hair sence that—riz oop in th' air, an' wrapt itsel roon' un, while a lookit fur all th' worl' loike a great dandelion puff ; 'n a flo'ated awa'ay on th' win' ower tha wa'll 'n out o' soight, wi' a partin' skirl o 's wicked voice 'n sneerin' laugh.

A tell thee, a wor nigh de'ad wi fear, an' a cayn't sca'arcely tell how a iver got hoam at all, but a did somehow, a s'pose.

Well, that's all ; it's not much of a ta'ale, but it's *tre-ue*, ivery wo'd o't, an' theer's others aside mea as ha seed

Yallery Brown an' know'd 's evil tricks—an' did it come
treue, sayst tha? Ma wo'd! but it did, sure 's de'ath! A ha'
wo'ked here an' theer, an' to'ned ma han' to this 'n that, but
it allus want agee, an' tis ahl Yallery Brown's doin'. The
childer died, an' my wife didn't—thou knows what *she* be,
thou can hear her tongue a mile off; 'n a cud ha spa'ared *her*
—tha beasts niver fatted, an' nuthin' ever did well wi' ma; a'm
geyan au'd noo, an' a'll must en' ma da'ays in th' Hoose, a
reckon, but till a'm de'ad an' buried, an' mappen even arter'ds,
theer'll be no'on en' to Yallery Brown's spite at ma; an' da'ay
in an' da'ay oot a hear un sa'ayin' whiles a sit here trem'lin'—

> "Wo'k as thou wull
> Thou'll niver do well;
> Wo'k as thou mowt
> Thou'll niver gain owt;
> Fur harm an' mischance an' Yallery Brown
> Thou's let oot thy-sel' fro' unner th' sto'an."

"THE DEAD HAND."

Ay, the Cars wor a fearsome pla'ace i' they da'ays if all
ta'ales be true. 'Twor afore my toime; but I hev heerd
mony a stra'ange thing aboot un as 'd make thy skin creep
to harken to. A can't sa'ay if they be all true; but a
wudn't loike to sa'ay 'at they be'nt. A reckon theer wor
quare things to than, an' mappen, fur all a knows, jest 's
quare aboot 's to year; ony w'er growed too gran' to seen
un. Anyways—a wudn't loike to do 's Long Tom Pattison
did, 'case a mout come to th' sa'ame en'. Niver heerd on un?
ooh, a'l can thee 'bout *that*, an' a reckon *that's* a true ta'ale
hawiver.

He wor a wild slip of a lad, allus in mischeèf, nobody 'd
an evil wo'd agin un; fur wi' all 's tricks, a wor a decent
lad, on'y too full o' 's fun, an' too waggle-headed to min'
what a wor doin' most toimes. Well, to than, as a said
afore, theer wor he'aps o' ta'ales aboot, of boggarts 'n horrors
'n sich, a cayn't tell thee reetly what all; fo'ak wor geyan

41

skeered o' gruesome things an' 'ud niver goa oot o' noights alo'an by thersels. In th' inn o' evens all th' men-fo'ak 'ud wait, wan upon other, while tha cud all go ho'am togither; an' even then, tha misloiked tha shadows an' tha da'ark corner-pla'aces, an' fingered ther safe-keeps all th' wa'ay ho'am.—What?—Oh, tha wor sort o' spells loike; nigh ivery wan had suthin' to ke'p th' evil things off, an' ma father ha' tould ma on many as a 'd seed. Ay, an' a ha seed un masel', bits o' paper wi' varses oot o' th' Bible, crinkled oop in a nutshell; three straws 'n a clover leaf tied wi a hair off of a dead man; or mebbe the clippins o' a dead wumman's nails, ef a cud get un. *That* wor a main good safe-keep, a ha' heered sa'ay. But i' ma toime, 'twor mostly Bible-spells or varses writ by a wise woman 'n sich-loike.

Wal, Long Tom wor nigh th' on'y man i' th' pla'ace as 'd niver a safe-keep at all; an' ivery wan said as he 'd rue 't some da'ay, an 's mother wor allus beggin' an' prayin' un to carry wan wi' un as she 'd got fro' au'd Molly, the wise woman as doolt gainhan' to th' mill.

But he on'y laughed, an' niver a safe-keep would a hev. An' o' noights he 'd mock at th' men-fo'ak 'case they wor feared o' th' darklins, an' he 'd mak' oot as he seed things i' tha black corners, so 's to set them skeereder nor iver.

But wan noight at th' inn th' men-bodies to'ned on th' lad, an' said as he wor main ready to get 's fun oot o' them, but fur all that he worn't no'on better nor th' rest of 'um, when 't cum to maddlin' wi' th' bogles, or crossin' th' cars to evens i' tha darklins. An' tha silly lad, as 'd mebbe took more beer 'n he 'd oughter, fired oop, an' swore as a feared nowt, seen or unseen, an' a 'd cross th' cars wi' nobbut a lanthorn o' th' da'arkest noight o' th' year. Theer wor nigh a row at th' inn that noight, but to last they ca'almed thersel's doon a bit, an' 'twor sattled as Long Tom 'ud goa by tha pad 'cross tha Car' en', an' round by tha willow-snag on th' verry nex' noight 's iver wor; an' ef a rued it, a mun gi'n oop floutin' at ither fo'aks fur gittin' fe'ared i' th' da'arklins ; "Begox," said th' silly creetur, "a'l not rue from ma wo'd, a promise 'ee ; pack o' fools as y' are, what fur shu'd a cum to ha'arm i' th' Cars, wheer a mun goa nigh ivery da'ay in ma reg'lar wo'k ?"

An' a spak so bould an' easy-loike that some o' th' youngsters 'gun to think 'at mebbe a wor reet arter all, 'n that tha bogles wor no'on so bla'ack, 's th' sa'ayin' is, 's tha wor pa'inted. But th' au'd uns know'd better'n that, an' shuk ther he'ads, an' wished 'at no ha'arm 'd cum o' th' boy's folly an' onbelievin' wa'ays. Well, nex' da'ay, they all thowt as Tom 'd rue 's wo'd soon's a'd thowt on it a bit ; but fur all that th' men an' lads met at th' corner o' th' green lane, agin the cottage wheer a doolt wi's mother, cum the da'arklins. Whan they got theer tha cud hear tha au'd woman sobbin' an' scoldin' i' th' kitchen ; an they 'gan to wun'ner if, arter all, th' lad ra'aly meant to cross th' Cars alo'an. An by'n by tha door wor flinged open, 'n oot he cam' laughin' loike mad, an' pullin' awa'ay fro's au'd mother, as wor tryin' to put suthin' in 's pocket, an' greetin' fit to break her heart.

"No'a, mother, a tell tha," tha lad wor sa'ayin', "a'l hev none o' tha spells 'n bobberies ; stop tha whimperin', wilt tho'. A'll cum back sa'afe 'n soun' bye 'n bye ; don't tha be a fool loike tha rest o' um, dost hear?" An' a sna'atched tha la'anthorn fra th' au'd woman, an' runn'd aff a-aughin' 'n floutin' th' la'ads, t'ords the Car'en'.

Tha men, some of un, tried t' stop th' la'ad, an' begged un not to goa, seest tha? an' Willie Kirby sa'aid : "A'll rue ma wo'ds ef tha do'a-ant rue thine ; an' tha can flout 's so much as thee loikes, on'y sta-ay by, 'n do'ant goa yonner. Tha do'ant knaw what mowt 'appen to tha"; but Tom on'y la'aughed agean, an' snappit 's fingers i' Willy's fa'ace. "*That* fur tha boggart, an' thee to'oa !" a cried, an' ra'an th' fa'aster. So th' au'd fo'ak waggled ther he'ads an' went hoam hopin' fur th' best, but feelin' sore mischancy. Howiver, some o' th' youngsters thought sha'ame t' be feared, seein' as Tom recked nowt o' th' horrors, an' mebbe a dozen o' um follered un down th' pa'ad 's led to th' Cars ; but tha wor no so sure o' thersels, an' wor skeery enuff whe'en tha fa'and th' squishy yarth unner foot, an' saw tha glint o' tha lanthorn fa'allin' on tha bla'ack watter hoals, gainha'and to th' pa'ad ; but on tha went, Long To'am mebbe thu'ty ya'ards ahead, singin' an' whistlin' 's bould 's cud be, an' behoind, tha la'ads, keepin' clo'ase t'gither, but gettin' less feared as tha got furder 'n furder into th' Cars, wi'oot seein' owt o' tha bogles 'n tha horrors. Hawiver, as tha coom nigh tha willa'-snag, th' win' coom oop tha valley,wi' a la'ang soughin' moa-an—chill 'n da'amp a coom'd fro' th' sea— wa'ailin' 's if a carried wi't a'ahl th' evil thin's as dool i' th' da'arkness an' tha shadows. Oot we'ent To'am's la'anthorn, an' sich'n a skeery so'ort o' chill cum wi' th' soughin' win', 'at th' la'ad stop't 's singin' 'n sto'od stock still by tha willa-sna'ag. Tha boys ahoind wor wuss nor him, tha dars'nt goa ba'ack an' tha dars'nt goa forra'd, tha cud on'y stan' trem'lin' an' prayin' 'n holdin' on to ther sa'afe-keeps i' th' da'arkness, an' waitin' fur suthin' ta 'appen.

An' than, tha things 'at To'am wor so onbeleevin' about, tha'ay coomed, tha'ay did—th' horrors o' th' air, an' th' horrors o' th' watters, an' tha slimy, creepin' things, an' th' cryin' wa'ailin' things—till tha noight, as 'd bin so quiet 'n still, wor full o' movin' shadows an' dim girnin' fa'aces wi' bla'azin' eyne 'n wa'ailin' voices.

An' closer 'n closer tha coom roond La'ang To'am as a stood wi 's ba'ack agen tha sna'ag an 's ha'ands in 's pockets, tryin' to keep 's heart oop. Tha very da'arkness seemed aloive wi' un, an' th' air wor thick wi' ther wa'ailin'. Tha la'ads ahoind un, wor on ther knee-boanes by ne'ow, prayin' for dear loife,an' ca'allin' on tha sa'aints an' th' Vargin an' tha wise wimmen to sa'ave um ; but tha cud see as To'am wor sta'an'in' wi 's ba'ack agen the sna'ag, an' seed 's whoite fa'ace an' angry eyne thruff tha throngin' shadows atween um. An' presently, tha sa'aid efter'rds, tha heerd

To'am shoutin' an' sweer'n' as tha bla'ack things cum clo'aser 'n clo'aser, so 's tha cud on'y glimpse um now an' tha'an, an' then's 's arms wor thrown oop an' a 'pear'd to be foightin' an' strooglin' wi tha things aboot um, an' bye an' bye tha cud hear nobbut th' skirlin', la'affin', 'n wa'ailin', an' moanin' o' th' horrors, an' tha cud see nobbut th' shiftin' bla'ackness o' tha crowdin' shapes, till a'al to wanst tha da'arkness open'd oot an' straight afore um they seed Long To'am sta'anin' by tha sna'ag, 's fa'ace 's whoite 's de-ath an' starin' eyne, holdin' on wi wan ha'an to tha willa an' wi th' other stretch'd oot an' cla'asp'd in a ha'an wi' oot a body, as pulled un an' pulled un wi' a dreadful strongness t'ords tha bla'ack bog beyont th' pa'ad. An' tha cud see 'at tha loight as flickered on Tom's fa'ace coom fro' tha Dead Han' itsel, wi th' rottin' flesh droppin' off tha mouldy bo'ans, an' its dreadful fingers grippin' tight hol' o' Tom's han', 'zif tha wor growed together. Stronger 'n stronger it pulled, 'an to last tha lad gi'n oop 's hold, an' wor dragged fro' tha snag an' off tha pad, an' shriekin' wi' a great cry, loike mebbe a sowl in hell, a wor swallered oop i' tha da'arkness. Efter that th' lads cud sca'arce tell what hapt wi 'em. Th' horrors cum roond um, an' skirled an' flouted 'em ; but tha niver ha'armed un 'case of their safe-keeps an' ther prayers ; but tha howled at un, an' ploocked at un, till tha pore things wor cle'an mazed wi' froight, an' sick wi' tha a'afulness o' it. An' a can't ra'ly tell 'ee what'n a wa'ay tha wor got oot o' tha ter'ble bogs ; a've heerd tell as wan creepit oop th' pad on 's han's an' kneebo'ans, an' another wor fun' layin' in a watter-ho'al, an' so, by 'n by, th' foak as'd coom doon fro' th' toon, got 'em ahl oot ; but tha lads wor fair oot o' ther wits wi' fear, an' tha cudn't tell what 'd coom o' Long Tom. Wheniver tha fo'ak axed wheer a mowt be, tha 'gun to screech an' sob wi' terror, so tha cud get nuthin' oot o' th' critters that noight. But tha nex' da'ay, when they heerd ahl aboot 'un, th' fo'ak went, nat'rally i' th' good sun loight, into th' cars, an' tha sowt, an' sowt fur Long Tom, an' 's

T 2

45

poor au'd mother ca'alled an' cried on 'un, an' swore 'at a cudna live wi'oot her on'y son, her babby, an' she a pore widder woman. But ne'er a tra'ace o' tha lad cud a fin'. Tha women tuk th' au'd mother ba'ack to th' cottage, an' tried to comfort her 'n hush her greetin'; but tha creetur tore awa'ay from un, loike a mad thing, an' rin back to th' Cars, an' 'gun ca'allin' 'n ca'allin' on her son, jist 's afore, to cum back to 's poor lone mother, 'n she a widow. Ower 'n ower agin a cried 'n wailed arter a' son, an' tha cud do nowt to hush a'. So tha mun le'ave her alo'an, fur tha cud fin' nowt o' tha lad, an' as th' da'ays went on th' fo'ak want to ther wo'k agin, an' th' boys as 'd follered Tom into th' ma'ashes crep aboot scared 'n whoite 'n tremlin', an' a'd amost think as iverythin' wor th' sa'ame as 'd bin afore, but Tom 'd niver coom back. An' noight arter noight thur wor a la'amp flarin' in th' winder o' th' cottage at th' lane en', an' th' au'd mother sat theer waitin' on her bo'oy, an' tha door stud open fro' tha darklins to tha dawnin'. An' ahl da'ay long, the au'd woman wan'ered aboot th' Cars, ca'allin' an' ca'allin' on her son to coom ba'ack, coom back to s' mother, 'n she a widder!

Tha foak wor sort o' skeered on her, an' 'd git oot o's wa'ay to let her go by, fur a flitted aboot loike wan o' th' bog things thersel's, a wor so grey 'n bent 'n wrinkled 'n sorrowful.

So tha da'ays want on, an' 'twor m' seventh even sence Tom 'd bin dra'agged into th' ma'ashes, when all to wanst jist afore th' da'arklins, th' fo'ak sa'anterin' by th' edge o' th' Cars, as a 'd took to doin' since th' lad 'd bin lost, well, th' fo'ak heerd a gre'at. cry, 'n agean a great cry, so full o' wunner 'n joy, 'at it wor sort o' gruesome to ha'arken to 't. An' as tha stood waitin' an' wonnerin' tha seed tha au'd mother scurryin' along o' th' pad t'ords un, beckonin' 'n wavin' loike mad. 'Twor a bit skeery, but nath'eless, off tha went arter a, so fa'ast as ther bo'ans 'd tak 'um, oot into th' ma'ashes, an' oop to th' willer-snag, an' theer, while tha ca'ht oop wi' a, sat Long Tom, wi 's back agin

th' snag, an' 's feet i' th' watter! Theer a sat, wi' 's mother
greetin' ower un, an' kissin' ivry bit o' un by to'ns; but
ma faith! what 'n 'a cha'anged creetur a wor! A's back
wor bent, an' 's limbs wor shakin' loike an au'd gran'ther,
's gre'at bla'azin' eyne glared in 's whoite wrinkled fa'ace,
an' 's hair, as 'd bin so bra'oun 'n co'ly, wor hangin' i' long
wisps o' whoite 'n gray ivery wa'ays to wanst.

Wi' wan han', a kep' p'intin', p'intin' at suthin', an' starin'
at suthin', 's if a seed nowt else; an' whur th' other han' 'd
oughter bin, th' han' as 'd bin gript by th' dreadful Dead
Fingers—ther wor nobbut a ragged bleedin' stump—th'
han' 'd bin pulled clean off! An' theer a sat, gibbering,
girnin', an' grinnin' at th' horrors, as nobbut hisself cud
see! Ah!—an' none iver knowed what a *did* see, or what
a 'd seed ahl th' awfull noights 'n da'ays, as 'd doolt wi' th'
horrors, none iver knowed wheer a 'd bin, or what wa'ay a
coom back, more'n tha bleedin' stump cud tell um of a
stroogle an' a tooggin' fur dear loife, wi' th' a-hful Han',
fur Long Tom Pattison niver spo'ak a wo'd agin, arter a
wor fun' by th' snag, wi's mother croonin' an' fondlin' aboot
un. Ahl da'ay long a'd sit i' th' sun, or by th' foire,
grinnin' an' girnin'; an' ahl noight long, a 'd wan'ner roon
th' edge o' th' Cars, screechin' an' moanin' loike a thing i'
torment, wi' 's pore au'd mother follerin' loike a dog at heel,
beggin' an' prayin' un to coom ho'am, 'n 'if won o' 's au'd
ma'ates 'd stop to look at un, 's mother 'd sa'ay—pattin' th'
he'ad o' th' pore silly creetur—" A *said* a'd coom hoam, an'
a did; ma babby did acoom ho'am to 's mother, 'n she a
widder woman!"

Ay—that's ahl theer wor of it; it's not much of a story—
but seest tha, 't ahl coom o' 's onbelievin' ways, as led un
into 't to fust. What? Noa, a didn't live more'n aboot
a year, mappen. An' whan a wor de'ad th' women took 's
mother awa'ay, an' tried to kep' a fro' gittin' ba'ack to un;
but when tha want to put th' lad in 's coffin fur th' buryin',
theer she wor, stoock oop i' th' co'ner of th' bed, wi' him i'
her a'arms, nussin' un as 'd used to do while a wor a tiddy

thing, an' de'ad—de'ad—loike tha son upo' her knees. Tha fo'ak said as how she wor smilin' loike a babby sleepin' ; but o' th' fa'ace o' him, ah, theer wor 'n *ahful* look, 's if th' horrors 'd follered un an' fott un fur ther o'an.

An' tha *do* tell 's Long Tom niver rested in 's pla'ace i' th' kirkgarth, an' that o' dark noights afore th' Cars wor dra'ained, a want moanin' oop an' doon by th' edge o' th' bog, wi' 's au'd mother trailin' efter 'm, an' i' th' mid o' th' shriekin' an' sobbin' fo'ak said as tha cu'd hear tha au'd woman's voice, whimperin' oot, as 'd done so often i' li'fe :

" A coom back to 's mother, 'n she a widder !"

THE STRANGERS' SHARE.

A dessa'ay 's fo'ak ha' tellt 'ee he'aps 'bout 'n tha bogles 'n ahl o' they things i' th' au'd toimes. A ha' heerd stra'ange ta'ales masel', from th' gran'ther 'n gran'mur ; but tha wor main grewsome loike ta'ales, as a set ma shakin' on'y to harken to when a wor a brat ; a loiked better whan tha ta'alked o' th' Stra'angers. Hasn't thou heerd tell on them ? That's odd, now. Theer wor he'aps on 'em, to than ; ay, an' a be still, a tell 'ee—a've seed un no la'ater 'n—but, theer, thou 'll on'y flout at ma, ef a tell 'ee they au'd ta'ales. Wa'al—ef 'ee wull—mun ha' thy wa'ay ! Maids be fractious bodies when they're crossed—nigh so bad 's th' Stra'angers thersel's !

But, moind, thou'll no tell th' wimmen-fo'ak ; fur ef they thowt as a b'leeved they ta'ales, tha 'd set th' pa'asson 'bout ma yearn to wanst. Ef a do b'leeve 'em ra'aly ? Ou—let that fle'a bide ! Mappen th' pa'asson fo'ak bea'nt so wise 's tha set oop to be'a ; an' 't'ud be ahk'ard ef arter a body died, a fun' as th' au'd fo'ak 'd bin i' th' roight arter ahl ! Annywa'ays a koind o' reckon 'tis well to ke'p in wi' bo'ath—see'st tha?—an' sort o' b'leeve nuthin' an' iverythin'—in a wa'ay.

But 'bout th' Stra'angers. Thou knows what they be —ay—thou 's geyan ready wi' th' wo'd, but it be'nt chancy to ca'all 'em sich ! Noa ; an' ef thou'd seed 's much on 'em as a done, thou'd twist thy tongue into 'nother sha'ape, thou 'ould. Fo'ak i' these pa'arts, tha ca'alled um mostly tha " Stra'angers"; or th' " tiddy people", 'ca'se tha wor none so big 's a new-born babby; or th' " Greencoaties", fro' ther green jackets ; or mebbe th' " Yarthkin", sence tha doolt i' th' mools. But mostly th' Stra'angers, as a said afore : fur stra'ange tha be—i' looks 'n wa'ays—an' quare i' ther loikin's, an' stra'angers i' th' mid o' th' fo'ak.—Hev a seed un ?—Ay, that a hev ; often 'n often, an' no later 'n last spring. Tha be main tiddy critters, no more'n a span hoigh, wi' a'arms 'n legs 's thin 's thread, but gre'at big feet 'n han'ds, 'n he'ads rowllin' 'bout on ther shouthers. Tha weers gra'ass-green jackets 'n breeches, 'n yaller bonnets, fur ahl th' wo'ld loike towdie-stools o' ther he'ads ; 'n quare bit fa'aces, wi' long nosen, an' wide gobs, 'n great red tongues hangin' oot 'n flap-flappin' aboot. A niver heerd un sp'akin' 's a can moind on ; but whan tha be fratched wi' owt, tha girns 'n ye'ps loike 'n angry hound, an' whan tha feels ga'ay 'n croodlesome, tha twitters an' cheeps 's soft an' fond 's th' tiddy bi'ds.

In ma yoong da'ays, an' i' ma gran'ther's afore ma, tha Stra'angers wor more aba'out 'n to now, an' fo'ak wor no'on so feared on 'un 's thou'd ha' thowt. Tha wor mischeevious fractious bodies ef tha wor crossed, but so be's tha wor let alo'an tha done no'on ha'arm nor maddled wi' annybody ; an' ef fo'ak wor good to 'm, tha niver furgot it, an' tha'd do owt to he'p un i' s' to'n.

O' summer noights tha da'anced i' tha moonshine o' th' great flat sto'ans 's thou sees aba'out ; a do'ant knaw'a wheer tha come from, but ma gran'ther said 's how 's gran'ther's gran'ther 'd tou'd 'em, 'at long agone th' fo'ak set fire on tha sto'ans, 'n smeared 'un wi' blood, an' thowt a deal more on 'un than o' th' pa'asson bodies an' th' cho'ch.

An' o' winter evens tha Stra'angers 'd d'aance o' nights o' th' fire-pla'ace, whan tha fo'ak wor to bed ; an' tha crickets pla'ayed fur 'n wi' roight good will. An' tha wor allus theer, whativer wor goin' on. I' th' har'st field, tha pu'd aboot th' yearn o' co'n, 'n tum'led mid th' stooble, 'n wrastled wi' th' poppie he'ads; an' i' th' spring o' th' year tha want to sha'akin' 'n pinchin' the tree-buds to mak' 'em come o'pen; an' tweakin' tha flower-buds, 'n cha'asin' th' butterflees, 'n toogin' th' wo'ms oot o' th' yarth; allus pla'ayin' loike tomfools, but happy mischeevious bit creeturs, so long 's tha wor'nt crossed. Thou'd on'y to ho'd qui't 'n kep still 's de'ath an' thou'd see th' busy tiddy things rinnin' 'n pla'ayin' ahl roond tha.

Fo'ak thowt as tha Stra'angers he'ped th' co'n to ripen, an' ahl th' green things to grow'a; an' as tha p'inted th' purty colours o' th' flowers, an' th' reds 'n bra'owns o' th' fruit i' Yatum' an' th' yallerin' leaves. An' tha thowt 's how, ef tha wor fratched, th' things 'd dwine an' widder, an' th' har'st 'd fail, an' th' fo'ak go hungered. So tha did ahl's tha cud think on' to ple'ase th' tiddy people, an' kep' friends wi' un. I' th' gy'ardens th' first flowers, 'n th' first fruit, 'n th' first cabbage, or what not, 'd be took to th' nighest flat sto'an, 'n laid theer fur tha Stra'angers; i' th' fields th' fust yearn o' co'n, or th' fust taters, wor guv to th' tiddy people; an' to ho'am, afore tha 'gun to y'eat their vittles, a bit o' bre'ad 'n a drop o' milk or beer, wor spilled o' th' fire place, to kep' th' greencoaties fro' hunger 'n thu'st. But 's toime went on th' foak growed so't o' careless. Tha want mappen more to th' cho'ch an' thowt less on th' Stra'angers, an' th' au'd wa'ays o' ther fa'athers afore un; tha furgot th' au'd ta'ales as 'd bin towld 'em by thur gran'thers; or mebbe tha thowt tha wor got so wise as tha knowed better nor ahl th' fo'ak o' da'ays gone by. Annyways, an' hawiver 't coom, th' flat sto'ans o' th' Stra'angers wor bare, an' th' fust'lins o' th' yarth wor kep' ba'ack, an' th' vittles wor swallowed, wi' ne'er a crumb fur th' fire pla'ace; an' th' tiddy people wor left to look arter thersel's an' to hunger 'n thu'st as tha listed.

A reckon tha Stra'angers cudn't mak' 't oot to fu'st. Mebbe tha ta'alked it over 'mang thursel's, a cayn't sa'ay;

huwiver, fur long toime tha kep' still, an' niver showed 's
tha wor fratched wi' th' fo'aks onfriendly wa'ays. Mappen
to fust tha cudn't b'leeve as th' people 'd to'n careless on th'
yarthkin' as 'd bin good neebors to 'm sence longer 'n a can
tell 'ee ; but 's toime want on tha cudn't he'p ta'akin' it fur
treue, fur th' fo'ak got wuss 'n wusser ivery da'ay. Ay,
an' tha tuk tha very sto'ans o' th' Stra'angers fro' th' fields
an' th' la'ane sides, an' thrung 'em awa'ay.

So 't want on, an' th' yoongsters growed oop to men 'n
wimmen, an' sca'arce heerd tell on th' tiddy people as 'd
bin so friendly-loike wi' ther forbears. An' th' au'd fo'ak 'd
nigh furgot ahl aboot 'em. But th' Stra'angers had'nt
furgot—noa ! tha minded wa'al, tha did, an' tha wor nobbut
waitin' fur a good cha'ance to pay ba'ack the fo'ak fur ther
mismanners. An' to last 't coom. 'Twor slow—jist as th'
fo'ak 'd bin slow i' furgettin' ther wa'ays wi' th' tiddy people ;
but 'twor sure—'twor sure 's hell-fire. Soomer arter Soomer
th' har'st fa'ailed, an' th' green things dwined, an' th' beasts
took sick ; Soomer arter Soomer the crops coom to nowt,
an' th' faver growed wuss, 'n th' childer peaked 'n died, 'n
iverythin' tha put ther han's to want wrong n' arsy-varsy.
Soomer arter Soomer 'twor, till th' fo'ak lost heart, 'n stead
o' wo'kin i' th' fields a sat o' th' doorsil', or by th' foire, 'n
waited fur th' coomin' o' better loock. But niver a soight
o' better loock coom by ; an' tha vittles got sca'arce, an' th'
childer grat wi' hunger, an' th' babbies pined awa'ay. An'
whan th' fa'athers looked to th' wimmin fo'ak, wi' ther dead
babbies at ther breasts, 'n ther hungered cyne to'ned fro' th'
sickly brats as grat fur bread, what cud tha do but drink
till tha wor jolly 'n ther troobles furgot till nex' da'ay ?
An' by 'n by some o' th' wimmen took to th' sa'ame so't o'
comfort, an' th' others took to eatin' thersel's stoopid wi'
op'um, 's oft 's tha cud get it, an' tha childer died th' fa'aster,
an' ahl wor so ter'ble 'at th' fo'ak thout as 'twor tha joodge-
ment an' th' beginnin' o' hell 'tse'f.

But wan da'ay th' wise women met together an' tha did
th' drefful things 's tha niver spe'ak on, an' wi' th' foire 'n

th' blood tha fund oot th' reets o't. An' tha want thruff
th' ta'ouns an' thruff th' garths, an' into th' inns, 'n oop
'n da'oun th' la'ands, 'n tha ca'ahled oot to th' fo'ak to met
'em th' nex' even coom da'arklins. An th' fo'ak wunnerd
an' scratched ther he'ads, but th' nex' night, tha coom ahl
to th' meetin'-pla'ace by th' cross-roads to year th' wise-
women.

An' tha tellt un ahl as 'd fund oot; tha tellt em as' th'
Stra'angers wor wo'kin agin 'em, maddlin' wi' iverythin';
wi' th' crops an' tha beasts, an' tha babes 'n th' childer;
an' 'at ther on'y cha'ance, wor to mak 't oop wi' th' tiddy
people. An' tha tellt un, how ther forbears 'd used ter
kep friendly wi'th Stra'angers; an' how tha gi'n 'em th'
fustlings o' ahl—i 'th' fields an' th' gyardens, 'n th' vittles,
an' how by'n by tha gi'n oop ahl o' that so't, 'n fair to'ned
ther ba'acks o' th' greencoaties. An tha tellt em as th'
tiddy people 'd bin main pa'atient 'n 'd wa'aited 'n wa'aited
fur long, to see ef tha fo'ak 'd coom back to 'm; an' how
to last, th' toime 'd coom to pa'ay 'm ba'ack, an' th' trooble
an' th' bad toimes 'd coom as tha knowed wa'al. An' tha
cried on ivery man as 'd seed 's beasts dwinin' an' ahl as a
put han' to go'an arsy-varsy; an' to ivery woman as 'd
heerd th' brats greet fur bre'ad 'n had none to gi' un, an'
as 'd buried th' little weakly wans fro 's arms, to tak' oop
wi' th' au'd wa'ays, 'n th' au'd ta'ales, 'n mak' friends
age'an wi th' tiddy people 'n git th' ill cha'ance took off of
'em; an' by 'n by th' men wor grippin' han's 'pon it an th'
wimmen wor greetin' as tha thowt on th' dead babbies 'n th'
hunger'd childer—an' tha ahl want ho'am to do ther best
to put th' wrong reet.

Wa'al!—a caynt till 'ee 't ahl, but as' th' cuss o' th'
Stra'angers coom, so 't ging; slowly, slowly th' mischance
wor bettered. Tha tiddy people wor fratched, an' 'tworn't
wan da'ay nor yit wan Soomer as 'd win ba'ack th' au'd
toimes. But th' fustlins wor laid 'pon th' stoans, wheer-
iver tha cud be fund; an' th' bre'ad an' th' drink wor spillt
o' th' hearth-side as afore toime, an' th' au'd fo'ak tell't th'

childer ahl th' au'd ta'ales, an tow't 'em to b'leeeve 'em an' to think a deal on th' bogles an' boggarts 'n th' green co'ated Stra'angers. An' slowly, slowly, tha tiddy people gi'n oop ther fractiousness, an' tha took oop agean wi' th' fo'ak, 'n took off th' mischance as 'd laid on 'em; an' slowly, slowly, th' har'sts bettered an' th' be'asts fatted, an' th' childer he'd oop ther he'ads, but t'worn't natheless ahl 's it us'ter bin. Tha men 'd took to th' gin an' th' wimmen to th' op'um ; tha favers shuk 'em allers, an' th' brats wor yaller 'n illgrowed, an' thoff th' toimes bettered, an' th' fo'ak thruv, an' th' Stra'angers wor no'on onfriendly, still t'worn't none so ga'ay 's afore th' evil da'ays, whan tha hadn't knowd what 'twor to hunger 'n thu'st, an' afore th' kirkgarth wor so full wi' th' tiddy graves, an' th' cradles to ho'am so teem 's to than. Ah! 'n ahl that coom o' to'nin' fro' th' au'd wa'ays, an' a reckon 't's best to kep to 'm, lest mischance 'd be sent i' pa'ayment fur mismanners.

M. C. BALFOUR.

LEGENDS OF THE LINCOLNSHIRE CARS.—Part III.

THE following three tales require, I think, a short explanation. They differ, in almost every way, from the stories I have already given. They are, in the first place, less legends than drolls, though their subjects are grim enough. They are, besides, less effective as stories. It was probably for this reason that I did not write them out fully from my short notes taken at the time. In the case of all the other tales I did this on arriving home within a day of hearing the stories; but in the case of the following three I had only the rough notes, and have had to write them out from these. At the suggestion of the Editor of FOLK-LORE, I have appended in each case the rough notes, so that those who may use them for scientific folk-lore purposes may know exactly the character of the material they are using. I have endeavoured to keep strictly to what I heard, and I have tried to truly present them in all their inconsequence, and even incoherency. All three resemble, at least in parts, those tales which are called "drolls"; and none of them can be said to be looked on by the narrators as in any sense true. The two latter are, I imagine, portions of the same tale, although told me at different times and by different people. I have given titles to these, as the narrators gave none, but otherwise I have added and altered nothing.

VOL. II.   D D

Legends of the Lincolnshire Cars.

Of each, in turn, I would like to say a few words. " The Flying Childer" was told me under that name, though, considering the tale itself, it might as appropriately have been called anything else. I regret to say I can remember little about the person who told it to me ; I never knew his name. I met him in a small inn some distance from where I lived, where I had one day to spend an hour; and except that he came from the Wolds, and that I after-wards saw him once or twice driving towards the market-town, I know no more of him. He did not believe in bogles nor witches ; but he confessed to a good many superstitions, and to a real dread of the Evil Eye, which he declared he knew to be a true and terrible thing.

He was a poor story-teller, and did not seem to realise the incoherency of the tale. He said quite simply that he did not suppose it was true, but he implied a very strong reservation as to murderers being pursued, after death, by their victims. I also found that he believed—and I think it is not an uncommon theory—that all dead persons are " bogles", capable of feeling, speaking, appearing to living eyes, and of working good and evil, till corruption has finally completed its work, and the bodies no longer exist.

These two ideas granted as possible beliefs, the tale is no longer quite so uninteresting or absurd as it seems on first sight, and it may be that it was very different in its original form. There can be little doubt that it is either vastly incomplete, or has become confused with another tale, which, perhaps, fills the gap where the true version has been forgotten. However it came to pass, it is certain that the whole episode of the Tailor, the Wise Woman, and the Old Man, is apt to make the reader quote Mr. Kipling, and exclaim, " But that is another story !"

I should like to add that cutting off the feet and hands of a dead body often occurs in folk-tales, though I cannot remember that it has ever been remarked on. In Lincoln-shire, I found it appearing in Jack the Giant-Killer, Beauty and the Beast, and one fragment (I think) of Cinderella, besides "The Flying Childer"; and I have come across it in at least one Scotch tale. Perhaps someone learned in the subject may be able to explain it.

"Fred the Fool" was told me by the same person as the first tale, and needs little explanation. It seems to be a droll, or to resemble one, and I am inclined to think that it is really the first portion of the last tale, which I have called "Sam'l's Ghost", though somewhat incorrectly, as the latter is not a Lincolnshire word. This was told me by Fanny, the child who narrated "The Dead Moon"; but she was very much less interested in it, and it is altogether a lower class of story. She knew nothing of the life of "Sam'l", nor how he came to be burnt.

THE FLYIN' CHILDER.

A'm skers sure ef a can tell 'ee 't ahl right, but a guess a mind it as 't wor tell't me'a. Le'ssee, na'ow! Theer wor wanst a chap 's wor gra'at fur tha wimmen-fo'ak, an' cud'n't kep out o' tha wa'ay ef a tried ever so; th' varry soight o' a pittyco't ha'f a mile off 'n th' road 'd ca'all un fur to foller 'n. 'N' wan da'ay, as 't mout be, a come ker-bang ra'ound a co'ner, 'n' theer wor a rampin' maid, settin' her lo'an an' washin' asel', an' th' fond chap wor ahl outer 's wit's to wanst. An' th' upshot o' 't wor, 's a sweer a 'd wed her, ef her 'd come ho'am wi' 'm; 'n' says she:

"A'll come, 'n welcome!" says she, "but thou'll mun sweer as thou'll wed ma."

"A will," says he, "a sweer 't!"—an' a thowt to 'msel', "ower th' lef' showther, that!"

"Thou'll mun wed ma i' cho'ch," says she.

"A will!" says he—"Ef a iver put foot in," he thowt to 'msel'.

"An' ef thou do'ant, what'll a forspell 'ee?" says she.

"Lawks," says he, fur a wor feared o' bein' forspellt,

D D 2

which be main mischancy, seest tha ; " do'ant 'ee overlook ma, do'ant 'ee ! Ef a do'ant wed tha, mout th' wo'ms e'at ma"—" (Ther ba'oun' fur to do 't annywa'ays !" thinks he to 'msel)—" an' th' childer hev wings 'n' fly awa'ay." (An' none gra'at matter ef tha do !" says he to 'msel'.)

But th' maid didn't know as a wor thinkin', an' a want wi' 'm. An' by-'n'-by tha coom to 'n' cho'ch.

" Thou'll can wed ma here-by," says she, tweakin' 's arm.

" No'a !" says he, "th' pa'asson 's a-huntin'." So tha went on a bit furder, an' coom to 'nother cho'ch.

" Wal', here-by ?" says she.

" No'a !" says he ; "pa'asson 's none sober 'nuff, 'n' clerk's drunk."

" Wal' !" says she, " mebbe tha'll can wed 's, fur ahl thar i' liquor."

" Houts !" says he, an' gi's her a kick.

So on tha want ag'ean, an' by-'n'-by, a meets wi' a t'ylor-man, an' a says, says a, " Wheer's th' me'aster ?"

" Ooh, da'own-by ! " says th' au'd feller.

So a went on a bit furder, while tha coom to a wise woman, plaitin' straws, an' a says to a, " Wheer's th' au'd mun ?"

" Da'own-by !" says she.

So on tha want, while a coom to 'n bit cottage by th' la'ane side, an' a knockit an' kicked at th' door tell 't shuk, but niver a wo'd coom f'um inn'ard. So a wa'alked ra'at in, an' theer wor 'n au'd mun lyin' slepin' 'n' snorin' on 's bed.

Wal', th' young chap keck't aba'out 'un fur summat handy, 'n' seen 'n axe, so a oop wi' 't 'n' brained th' au'd feller, 'n' chopped 's feet 'n' han's off'n 'um. An' than a set to 'n' cle'aned oop th' pla'ace, 'n' thrung th' corp out o' winder, 'n' lat fire i' th' hearth, while ahl wor smart 'n' natty.

An' by-'n'-by, keckin' ower 's showther, a seed th' wise woman stealin' th' corp awa'ay wi' a.

" Hi !" says th' chap ; " th' corp's mine, seest tha. What thou do'n' wi' 'm ?"

" A'll barry 'm fur tha," says she.

" No'a thou wunt," says he, " a'll do 't masel'."

" Wall, then," says she, " A'll stan' by."

" No'a, thou wunt !" says he, " a'll can do 't better ma lo'an."

" Ta'ake thy wa'ay, fool," says she, " but gi' ma th' axe, then, 'stead o' th' corp."

" No'a, a wunt !" says he ; " a mout want her age'an."

" Hi !" says th' wise woman, " none give, none have ; red han' an' lyin' lips !"

An' a want awa'ay, mutterin' an' twistin' 's fingers.

So th' chap buried th' corp, but less a furgot wheer 't wor, a lef' wan arm stickin' oot o' th' gra'oun', an' th' feet 'n' han's a chuck to th' pigs, an' says he to th' gal :

" A'll ga 'n snare a cony ; see thou kep to th' ha'ouse" ; 'n' off a want.

Th' gal diddle-daddled aba'out, 'n' presently th' pigs 'gun squealin' 's if a wor kill't.

" An' oh !" says th' gal, " what 'n 's amiss wi' 'm, fur so to squeal ?"

An' th' dead feet up an' said, " We be amiss, us'll trample th' pigs tell thou bury us !"

So a took th' feet, an' put 'em i' yarth.

An' by-'n'-by th' pigs la'ay da'own 'n' died.

" Oh ! oh !" says th' gal, " what be th' matter wi' 'm fur so to die ?"

An' th' dead han's up an' cried, " We be th' matter, we's chocked um !"

So a want 'n' barried 'em too.

An' by-'n'-by a heerd summat a-callin', 'n' a-callin' on her, an' a want fur to see what a wanted.

" Who be a-ca'allin' ?" says she.

" Thou 's put us wrong !" said th' feet an' han's ; " we be feelin', an' we be creepin', an' we ca'ant fin' th' rest o' 's annywheers. Put us by th' au'd mun, wheer 's arm sticks oot o' groun', or we'll tickle tha wi' fingers an' tread tha wi' toes, till thou loss tha wits."

So a dug 'em up, 'n' put 'em by th' au'd mun.

An' by-'n'-by th' young chap coom back, an' ca'alled fur 's dinner.

"Wheer's th' childer?" says he.

"Ooh, gath'rin' berries!" says she.

"Berries i' *spring*?" says he; an' kep on wi' 's eatin'.

But when noight coom an' tha wornt ho'am:

"Wheer's th' *childer*?" says he.

"Gone a fishin'," says she.

"Ay," says he, "'n' th' babby, too?"

An' coom th' mornin', a shuk th' gal oop sudden, an' bawled in 's earn:

"Wheer's th' CHILDER?"

"Ooh!" says she 'n a hurry, "flown awa'ay, th' childer hev!"

"Tha hev?" says he. "Then thou'll can goo arter 'm!" An' a oop wi' th' axe 'n' chopped her i' pieces 'n' shuv th' bits unner th' bed.

Wal, by-'n'-by, th' childer coom flyin' back, an' keck't aba'out fur th' mother, but tha seed nowt.

"Wheer's mother?" tha said to th' chap.

"Gone to buy bacon," says he, feelin' oneasy.

"Bacon?" says tha; "an' wi' flitches hangin' ready?"

'N' presently tha comes age'an, 'n' says:

"Wheer's mother na'ow?"

"Gone to seek *thou*," says a, shakin' unner th' clo'es.

"Ay?" says tha, "an' we here!"

An' fore a cud get oot o' bed tha coom ahl ra ound un, an' pointed at un wi' 's fingers:

"Wheer's mother TO-NA'OW?"

"Ooh!" a squealed, "unner th' bed!" An' a put 's head unner th' blunket.

Tha childer pulled oot th' bits, an' fell to weepin' an' wailin' as tha pieced un togither. An' th' chap, a want fur to crep to th' door 'n' get awa'ay, but tha cot un, an' took th' axe 'n' chopped un oop loike th' gal, an' lef' un lyin' whiles tha want awa'ay grattin'.

Soon 's a wor sure a wor de'ad, up a got 'n' shook 's sel', an' theer wor th' gal, stannin' waitin' fur 'n wi' 's long claws a'out, an' 's teeth gibberin' an' 's eyne blazin' loike a green cat, gan' to spring. An' nat'rally th' chap wor feared, an' a runned, an' runned, an' runned, so 's to git awa'ay ; but she runned efter, wi' 's long claws strot out, till a cu'd feel un ticklin' th' back o' 's neck, an' strainin' wi' th' longin' to chock un. An' a ca'lled a'out to the thunner :

" Strike ma de'ad !"

But th' thunner wud'n't, for a wor de'ad a'ready.

An' a runned to th' fire an' begged :

" Burn ma oop !"

But tha fire wud'n't, fur th' chill o' de'ath put 'n a'out.

An' a thrung 's sel' in th' water, an' said :

" Draown me blue !"

But th' watter wudn't, fur th' death-colour wor comin' in 's fa'ace a'ready.

An' a tuk th' axe 'n' tried to cut 's thro'at, but th' axe wud'n't.

An' to last, a thrung 's sel' into th' gra'ound, an' ca'alled fur th' wo'ms to eat un, so 's a cu'd rest in 's grave an' be quit o' th' woman.

But by-'n'-by oop crep a gra'at wo'm, an' a stra'ange an' gra'at thing 't wor, wi' th' gal's head o' th' en' o' its long slimy body, an' 't crep oop aside un an' ra'oun' about, 'n' over un, while a druv awa'ay all th' other wo'ms, an' than a set to, to eat un 's sel'.

" Ooh, eat ma quick, eat ma quick !" a squeels.

" Stiddy, na'ow !" says th' wo'm, "good food's wuth th' meal-toime. Thou ho'd still, 'n' let ma 'njoy masel'."

" Eat ma quick, eat ma quick !" said he.

" Do'ant thou haste ma, a tell 'ee," says th' wo'm, "a 's gettin' on fine. Thou'st nigh gone na'ow." An' a smacked 's lips wi' th' goodness o' 't.

" Quick !" a whispit age'an.

" Whist, thou'st 'n onpatient chap," says th' wo'm.

Legends of the Lincolnshire Cars.

An' a swallered th' last bit, an' th' lad wor all go'an, an'
'd got awa'ay f'um th' gal to last.

An' that's ahl.

Not quite sure if remember—think can tell as told me. Once
was a lad—fond of girls—couldn't keep away from petticoats.
Came round corner "kerbang" on girl washing herself—swore
he'd wed her, if she'd follow him. She makes him swear—he
does it "ower th' lef' shouther". In church, she says. Says he
will, "if ever he goes in" (aside). Threatens to "forespell" him if
he doesn't. He says, "Mout th' wo'ms eat ma ef a don't"—
"Bound do it anyway"—and children fly away—"no great matter"
(aside). So they went on—came to church—girl wants to go
in. He says no, parson hunting. Go on to next church—says,
"No; parson's tipsy, and clerk's drunk." She says might wed
them for all that. He kicks her. Meet a tailor—ask him for
the master. "Down-by". Meet wise woman plaiting straws.
"Wheer's au'd mun?" "Down-by." Come to cottage, knock—
no answer, go in—old man asleep on bed. Lad takes axe,
brains him, chops feet and hands—throws out of window. Cleaned
place—lit fire. Wise woman tries to steal corpse. "Hi, that's
mine." "I'll bury it." "No, do 't masel'." "I'll stand by."
"No, do better alone." "Give axe instead." "No, might need
it." "None give, none have; red hand, lying lips." He buries
corpse—leaves arm sticking up—feet and hands to the pigs.
Says to gal, "Get cony; you keep house." Girl diddle-daddles
—pigs squeal. "What's amiss?" Dead feet say, "We trample
pigs—bury us." She does. Pigs die. "What's matter?" Dead
hands say, "Choking pigs—bury us." She does. They call—she
goes. Say, "Can't feel body—must be buried by it, or haunt her."
She does. Lad comes home. "Where's childer?" "Gathering
berries." "In spring?" Night comes. "Where's childer?" "Fish-
ing." "Baby too?" Morning—wakes her suddenly. "*Where's
childer?*" "Flown away." "You go too." Chops her—puts under
bed. Children come back. "Where's mother?" "Buying bacon."
"With flitches here?" "Wheer's mother?" "Seeking you." "We
here?" Crowd round bed. "*Where's mother?*" "Under bed!" They
pull her out—weep—chop him up too. He gets up—shakes. Girl
up too—"wi' long claws out"—gibbering—eyes green. He runs
—she runs after—claws out—tickle his neck—longs to choke him.
He calls thunder—strike him dead. "No, dead already." To
fire, "Burn ma oop." "No, 'chill o' death' put out fire." Water,
"Drown ma blue." "No, dead blue already." Axe, "Cut throat."
Wouldn't. Went to ground, calls worms—great worm comes—

drives off others. Girl's head. "Eat ma quick." "Good food's worth meal-time." "Eat ma quick." "No haste—nigh gone." "Quick." "You're impatient." Last bit—all gone—got rid of girl. That's all.

Suppose all rubbish—but murderers may be chased by people they kill—think likely.

FRED TH' FOOL.

Theer's an au'd mun wi' us as 's heerd tell on a lad— Fred wor 's to name, an' 's fo'ak wor Baddeleys: leastwise, a think 's much; a'm not jist sartain. A tuk sarvice wi' a fa'armer, t'other side th' Wolds an' a coom to a main bad en, a did.

A dunno as 'ts 'reetly *tre-ue*, that's as mebbe, but a reckon they wor hell 'n' rough toimes tothan, and like enuff 't *mout* be true. Annyways, th' au'd mun tells 't so, an' says a heerd it fro' 's gran'ther or sich. Its nobbut a shart ta'ale. Wal', Fred wor a fond sort o' critter 'n' wor allus gittin' in a muss wi' summat 'r other, an' a wor, th' au'd chap says, th' ahfullest lad to e'at 's iver tha 'd see annywheers.

Bacon an' 'taters an' bre'ad—sides an' sacks 'n' bakin's of 'm—a'd swaller 'm da'own 's if a'd a battomless pit, as th' pa'asson says, 'stead o' a Chris'en stummick, loike other fo'ak; an' yit a wor a thin smahl slip o' a lad, as looked 's if a niver ate owt.

Wal', th' fa'armer seed un, as a wor stannin' wi' th' rest o' 'm to th' hirin's.

"Theer's a chap as 'll not cost much to kip!" says a; "a'll niver ate th' la'arder bare, not he—a's got no room fur a store o' vittles! Wheer gan', lad?"

"Wheer tha'll tak' ma," says Fred; fur th' fa'armers o' Cliff wa'ay 'd hev nowt to do wi' un, what wi' 's eatin', an' 's mussin' an 's fond wa'ays.

"A guess thou aren't wuth a wa'age," says th' fa'armer, wi' a eye to bettin' a bargain.

"A reckon a aren't much," says the lad, fur a wor used to bein' tellt that.

"Wal', thou *are* a fool !" says th' fa'armer, scratchin' 's he'ad, " tellin' me that! a shan't giv' tha no wa'ages, then, a vum. Wilt coom fur tha kep?"

"That a will," says Fred, peckin' oop, "ef thou'll kep ma honest i' vittles an' clo'es."

"A'll do that," says the fa'armer, cal'clatin' as au'd clo'es an' ha'ouse bits 'd nigh kep un gooin'. But, lord ! a knowed nowt o' Fred ! Thou may reckon as 't worn't long afore a fun' out as a'd ma'ade none such a stra'ange 'n' aisy bargain nayther. A'd ca'ounted 's cattle wi' a pair o' calves to ivery heifer, 's th' sayin' is, fur Fred 'd ate th' ha'ouse bare, an' then vow a wor clemmed wi' hunger.

An 't wor no'on use fur to bet un, 't on'y ma'ade un wusser ; an' so wi' wo'kin' an' kickin' an' such, a'd ate more 'n iver arter'ds, while th' me'aster thowt as 'd be fair 'n' cle'an done fur.

"Wal'," says Fred to 's sel', " here a be, an' loike to split wi' hunger. A'd niver a bite to 'morn, nobbut a boocket o' 'taters an' a ca'ake o' bread, or mebbe two; an' what's that ? A can't mind such tiddy bits, an' a'm reg'lar teemin' empty. Th' measter said as 'd kip ma wi' vittles, an 'a guess a'll goo 'n' try th' storehouse. Theer's a side o' bacon theer, an' mebbe beef ; th' winder's barred, but th' Lord be pra'ised ! a'm thin. A'll mebbe git thruff."

So off a went.

But soon as th' fon' critter got 's head an' showthers atween th' bars, a stoock fa'ast !—a did, an' cud'n't goo back nor for'ards. Wal', a hadn't no sense, as a said afoore, so 'stead o' waitin' an' mebbe thinkin' o' summat as 'd git un a'out, what 'd a do but screech a'out, 's if a wor kilt an' murthered, while th' me'aster 's sel' coom, an' fun' un, ha'af in, an' bigger ha'af a'out, o' th' storehouse winder !

"What thou doin' thur, dom tha ?" roared th' fa'armer. " Coom a'out o' that, a tell 'ee !"

"Goddle-moighty, ef a cu'd a got a'out, a cu'd a got in too !" says Fred, fair 'n' angered. " Can't thou see as 'm stoock ?"

Legends of the Lincolnshire Cars.

" An' what fur thou gan', then, born fool ?" screeched th' me'aster, clean tuk a-back—Fred wor so simple.

" A coom to git summat t' ate, o' coorse" says th' critter, kickin' awa'ay ahl th' toime, wi' 's hind legs. " Mistress wor throng."

" Throng, says a ?" yelled th' fa'armer, dancin' wi' rage, " Thou 'rt a thief; a thief, a tell 'ee, an' a'll l'arn 'ee to ste'al ma me'at !"

An' a oop wi' 's stick, an' 'gun to bet un wi' ahl 's moight. An' Fred, seest tha, wor in a stra'ange 'n' handy attichoode, as a mowt say, an' guv' a fine pla'ace fur the bettin' to fall on. But by-'n'-by oop coom th' mistress an' squeels a'out :

" Stop !" wi' a v'ice loike a pig ben' kil't. "Ef thou bet un, me'aster, a'll ate us out er ha'ouse 'n' home, a will ; do'ant 'ee, doant 'ee now, whativer thou do'a !"

"That's so !" says th' fa'armer, stroock ahl o' a he'ap ; an' thowt a bit.

" Wal', a reckon, a'll mak' tha min' as a cot tha ste'alin' annyways !" says a ; an' a set to 'n' pulled off a nail f'um Fred's thoomb an' let un goo wi' a las' kick.

Fred wor main glad to ha' done wi' 't, 's thou may reckon, an' didn't seem to fret 'ba'outs nail to speak on.

But by-'n'-by a fun 's clo'es ahl to rags, an' a cu'dn't barely ho'd un togither, so 's to hide un's skin.

" A mun be dacent, a guess," says a to 's sel'. " Tha'll niver lemme goo nackt, a reckon. Ay, th' me'aster said 's 'd kip ma 'i' clo'es, an' 's got he'aps o' 's o'an, so 'll goo 'n' git summat to wanst."

An' a off to th' ha'ouse, 'n' tuk th' fa'armer's new breeches an 's best co'at, an' who so fain o' 's sel' as Fred, thoff tha wor so wide as a mun ho'd 'em oop in 's two han's.

But jist as a got to th' door, th' me'aster an' 's wife cot un age'an.

"What thou got *theer* ?" screeches th' missis. " Ma me'aster's bes' clo'es. A niver! What 'll a do nex' ?" Thou 's th' biggest fool an' th' fon'est."

" Th' domdist thief tha be !" yells th' fa'armer, green wi'

anger an' bristlin' loike a pricky-otchin. " Ahl kick tha
whiie tha be black 's rotten to'nips, a will !"

" Nay !" cries th' missis. " Thou'll niver ! a'll ate ahl ma
bacon, ef tha do !"

But what wi' 's wife hangin' on 's arm, an blin' wi' rage,
th' me'aster oop wi' th' axe in 's other han', an' stroock at
Fred, an' off fell 's han' at th' wris'-bo'an.

Th' me'aster scratched 's he'ad, an' Fred howled.

" Wal', a didn't goo fur to do 't !" says th' fa'armer, a
bit feared loike ; " but ef thou tells fo'ak as a done 't, a'll
ca'ahl th' polis an' gin 'ee oop fur thievin'; so theer !"

But, Lor' bless 'ee! Fred wor such'n a fool, a'd niver
'n idee as a cu'd a had oop th' me'aster fur 't, an' a tuk 't
'stead o' a bettin'; but a reckon a'd rather bin bet, a
deal.

Wal', thou unnerstan' as 't worn't long afore Fred got
'n a muss age'an ; an' this toime 't wor wi' stealin' money.
A don't min' jist how a coom to fin' it, but annyways a
did, an' a tuk 't, an' 't wor a hell o' a row—beggin' yer
pa'ardon !—fur th' se'ame.

Th' me'aster wor jist cle'an out o' 's wits wi' fury : an' this
toime a thrung summat as flatted Fred o' th' gra'ound, an'
bruck 's arm an' 't had to be tuk off. A misremember that
part o' th' ta'ale a bit, but that's what coom to 'm. An'
so Fred los' 's arm; an' thou'd think a'd a gone awa'ay,
wu'dn't 'ee? But a didn't, th' pore fool ! A said :

" Ooh ! a'd los' ma han' afuore, an' ma nail afuore that,
an' a 's got kin' o' used to 't, seest tha ; so a reckon a'll
stay. 'T'ull hev to be ma he'ad nex' toime, an' that's none
so aisy to pull off !"

But a wor wrong, thou'll see.

Th' fa'armer wor stra'ange an' misloiked i' th' country-
side, an' 'd heerd sa'ay as some da'ay a'd git oop i' morn,
an' fin' 's ricks brunt ; an' a wor geyan' skeary o' 't. An'
ivery noight wan o' th' han's mun kep watch i' th' garth
while th' dawnin'.

Wal', soon 's Fred wor a'out o' th' doctor's han's th'

me'aster tellt un off fur th' watchin', as a worn't much good
i' th' fields.

" A'll do 't," says Fred, " ef thou'll lemme slep i' da'ay."

But no'a, th' me'aster wu'dn't do that. A mun run
erran's o' da'ay, an' do light jobs, sin' a cu'dn't wo'k proper ;
an' that wor nuthin'. A mun arn 's kep, an' watch ahl
noight, or 'd to'n 'm a'out.

" Wal', here's tryin'!" says Fred, " an' th' Lord kep 'm
off th' ricks, ef a goo t' slep !"

Th' fust noight or two a kep 'wa'ake most ahl th' toime,
but efterd's a tuk to slepin' 's soun' 's if a wor in 's bed.
An' nat'rally to last, 't coom as 'd bin thowt.

Th' fa'armer wor woke oop wi' a bright shinin', an' soon
's a looked a'out o' winder, theer wor 's ricks ahl a blazin'.

Da'oun a gan' in 's bare legs, ragin' 'n' sweerin' while th'
divil's sel' 'd a bin 'shamed on 'im.

" Wheer's that scoun'rel ?" a yelled.

An' ahl to wanst a seed un, slepin' i' th' moock, soun' 's
a babby, 'side th' pigs, i' th' garth.

Wal', a reckon th' fa'armer 'd nowt strong 'nuff i' th'
sweerin' wa'ay to fall back on. A jist said nowt, but a
looked loike a white devil, shinin' throff wi' evil an' spite
an' choked wi' bad wo'ds.

A jist wa'alked over 'n' pick oop th' lad an' dragged un
arter 'm to th' blazin' ricks ; an' 'fore Fred 'd cle'an ma'ade
oop 's min' ef th' pigs wor tuk bad wi' th' colic, or ef 't wor
a yarthquick, the fa'armer oop wi' 'n 'n' heaved un i' th'
mid o' th' blazin' rick.

" Kep off!" a said, stutterin' an' stammlin' wi' anger ;
"a'll kill annywan as lif's a han' to he'p un !" an' a tuk
ho'd on a gre'at sto'on' an' look round 's wicked 's wicked.

An' th' fellers wor feared on un, an' so cum 'at 'fore tha'd
cle'an sattled what tha'd do, Fred wor burnt ahl oop i' th'
mid o' th' rick, wheer a'd cot i' th' roops 'n' cu'dn't git loose.

An' that's th' en'. Wal', 't *mout* be true, 's a tellt 'ee ;
tha wor stra'ange 'n quare fo'ak to than. Annyways
that's as a heerd it.

Legends of the Lincolnshire Cars.

Old man told me. Lad Fred—folk, Baddeley—took service yont the Wolds—bad end. May be true—rough times, "hell 'n' rough". Old man says had it from grandfather. Fred—"fond" lad —always in scrapes, and terrible eater—bacon, potatoes, bread— loads—no "Christen stummick"—bottomless pit. Thin, small lad. Farmer sees him at the hirings—won't cost much keep—no room much food. "Where going?" "Where I can." "Not worth wage." "No ; used to hear that." "Born fool to say that—won't give wage. Keep?" "Yes—honest vittles and clothes." Farmer thinks old stuff 'll do—found wrong. Fred eats house bare— still hungry. Beaten—got hungrier—working—ate more—master near ruined. Fred says, "Splitting with hunger—nothing to eat —bucket o' taters, etc.—not worth mentioning—try storehouse— bacon, maybe beef—barred—but I'm thin." Stuck fast—yells— master comes. "What doing there? Come out." "Can't." "What you stealing?" "Food, 'Mistress throng'." Master furious —beats him— position handy. Wife comes. "Stop—make him eat more—don't beat him." Farmer pulls off nail—lets him go. Fred's clothes ragged. "Niver lemme goo nackt. Master has lots—help myself." Takes best suit—too big—holds them up— meets master and missis—very angry. "Bet tha 's black 's rotten to'nips !" Wife stops him, as before. He cuts off Fred's hand —threatens call police if he tells—Fred fool—says nothing. Next he steals money. "Hell of a row." Farmer throws something —Fred gets arm broken—has to be taken off (teller forgets particulars here). Fred stays on—says getting used. "Head next time—not so easy." Wrong.

Farmer unpopular—ricks threatened—watched nights. Fred better—night work—not let sleep by day—kept wake first nights —afterwards slept sound.

Farmer wakes—sees light—goes down—bare legs—swearing— devil ashamed. "Where's scoundrel ?" Fred asleep with pigs. Master too angry to speak—drags him to ricks—throws him in. Fred barely awake. "Kill anybody helps." Men frightened. Fred caught in rope—burnt to death. Queer folk then—that's as told me.

SAM'L'S GHOST.

A do'ant know as a unnerstan' what tha me'an by "ghostis". Ef tha spe'aks o' *bogles*, na'ow, or corps or such ? Ooh—! De'ad fo'ak as wa'alk's ? A've heerd un ca'alled Bogles an' Fetches, an' a've heerd on he'aps, but a can't sa'ay as a seed ony masel'. Theer's a red wummin as wa'alks i' th' spinney nigh wheer a dool, an' theer wor a lad wi' ne'er a he'ad on un 'at ma mother seed, whan a wor a maid. An o' Yule, ther's a loight as is car't aba'out th' ta'own, on'y none can't see th' han' as car's it; an' ef 't stops at a doorsil', summun 'll die i' that ha'ouse afore th' year's a'out.

Theer's lots o' ta'ales 'ba'out bogles o' that sort, but th' aren't purty, th' aren't creepy, loike th' Moon ta'ale 's a towd tha on. A likes th' creepy wans, do'ant thou? An' a can't sort o' min' they so't; they's nobbut wimmen an' loights an' things, an' no sense in 'em. But theer, a'd rawther not meet wi' 'm fur ahl that! A guess they be fearsome to see, ef ther nobbut silly to yarken to.

Ay, a mind wan ta'ale 'ba'out a de'ad man, but t'aint much; but ef thou loike——

It's mebbe on'y a ta'ale, fur a guess fo'ak do'an't know 's what 'll coom to 's when we'r' de'ad; leastwise, 'cep' what th' pa'asson says, an' that's mebbe true!

Annywa'ays, tha towd ma as theer wor a lad—gran'ther ca'alled un Sam'l—as wor brunt to de'ath, an' ahl gan' to ashes, an' mebbe cinders. But mebbe 'n while, a got oop —th' inside o' un, a me'an (thou unnerstan'?) an' gin 'sel' a sha'ake, an' thowt what a mun do nex', fur nat'rally a worn't used to things, an' a wor kin' o' stra'ange loike. An' 'twould be so't o' quare, a reckon—lots o' bogles an' things ahl 'ba'out un. Mebbe a wor a bit fe'ared-loike to fust. Wall, by-'n'-by, suthin' said to 'n:

"Thou mun goo in th' yarth-pla'ace, an' tell th' Big Wo'm 's thou's de'ad, 'n' axe un fur to hev tha ate oop, or thou'll niver rest i' tha mools."

"Mun a?" says th' lad. "Wal', a'm willin'."

So a gan' on, axin' 's wa'ay, an' rubbin' showthers wi' ahl th' horrid things 's glowered roun' 'ba'out 'im.

An' by-'n'-by a coom to a gra'at pla'ace wheer 't wor da'ark, wi' glimmerin' loights crossin' 't, an' full o' a yarthy smell loike th' mools o' spring, an' whiffs o' a ahful stink, as 'd to'n un sick 'n' feared; an' unnerfoot wor creepin' things, an 'ara'ound wor crawlin' flutterin' things, an' th' air wor hot an' moocky ; an' at th' en' o' th' pla'ace wor a horrid gra'at wo'm, co'led oop 'n a flat sto'on, wi' 's slimy he'ad movin' and swingin' f'um side to side 's if a wor smellin' fur 's dinner.

A reckon Sam'l wor main feared when a heer'd 's ne'am ca'alled, an' th' wo'm shot a'out 's horrid he'ad reet in 's fa'ace.

" Thou, Sam'l ? So thou're de'ad an' buried, an' food fur th' wo'ms, be tha ? Wal', wheer's tha body ?"

" Ple'ase, yer wushup"—Sam'l didn't want fur t' anger 'n, natrally—" A'm ahl here."

" No'a," said th' wo'm, " does thou think as we can ate thou ? Th' art de'ad, ma lad ; mun fot tha corp, ef tha wants to rest i' th' mools."

" But wheer is 't ? Ma corp ?" said Sam'l, scratch'n' 's head.

" Wheer is 't buried ?" said th' wo'm.

" 'Tain't buried ; that's jist it !" said Sam'l. " T'is ashes ; a wor brunt oop."

" Hi !" said th' wo'm, " that's bad ; thou'll ta'aste no'on so good. Niver fret ; go fot th' ashes, an' bring 'm here, an' wer'll do ahl wer can."

Wal', Sam'l want back, an' a looked an' looked, an' by-'n'-by a got ahl th' ashes together 's a cu'd see, an' tuk 'm off in a sack to th' gra'at wo'm.

An' a opened th' sack, an' th' wo'm cra'alled da'oun an' smelt 'm an' to'ned 'm over 'n' over.

"Sam'l," says he, by-'n'-by, " suthin's missin'," says he. " Thou'st no'on ahl here. Sam'l, wheer's th' rest on tha ? Thou'll hev to seek it."

" A've brung ahl a cu'd fin'," said Sam'l, shakin' 's head.

" Nay !" said the wo'm, " theer's an arm missin'."

"Ooh ! thats so !" said Sam'l, noddin'. " A'd los' 'n arm, a had : cut off, 't wor."

" Thou mun fot it, Sam'l."

" Wal', a've no'on idee wheer th' doctor put her, but a'll gan' see."

So off a want age'an, an' looked here an looked theer, an' by-'n'-by a got it.

Back a want to th' wo'm.

" Here's th' arm," says he.

An' the wo'm to'ned it o'er.

" No'a, theer's summat still, Sam'l," says a. " Had thou los' annythin' else ?"

" Lemme see," says Sam'l, thinkin' ; "a'd los' a nail, an' 't niver grow'd age'an."

"That's 't, a reckon," says the wo'm. " Thou's got to fot it, Sam'l."

" A reckon a'll niver fun' that, then, me'aster," says Sam'l, " but a'm willin' to try."

An' off a want.

But a nail 's an aisy matter to loss, seest tha, an' a ha'ard thing to fin', an' thoff a so't an' a so't, a cu'd'nt fin' nuthin', so to las' a want back to th' wo'm.

" A've so't an' a've so't, an' a've fun' nowt," says he. " Thou mun tak' ma wi'out ma nail—its no gra'at loss, a'm thinkin'. Can't 'ee mak' shift wi'out it ?"

" No'a !" said th' wo'm, " a can't ; an' ef thou can't fin' it —are thou sartain-sure thou can't, Sam'l ?"

" Sartain, wuss luck !"

" Thou'll mun wa'alk th' yarth while thou do fin' it, then !"

" But ef a can't niver ?"

" Then thou'll mun wa'alk ahl th' toime ! A'm main sorry fur tha, Sam'l, but thou'll hev lots o' compiny !"

An' ahl th' crepin' things an' th' crawlin' things tuk 'n' to'ned Sam'l a'out ; 'n' iver sence, ef a's not fun' 's nail, a's wa'alkin' 'ba'out seekin' fur 't.

That's ahl ; gran'ther tell 't ma wan da'ay 's a wor axin' wheer ahl th' bogles coom f'um. 'T's not much on a ta'ale, but a can't min' anuther to na'ow, and it's so't o' funny, ain't it ?

Legends of the Lincolnshire Cars.

ROUGH NOTES.

What's ghost?—bogles?—corps?—"Oh, dead folk walks." Call them bogles and fetches—heard of lots—seen none—Red woman in spinney at home. Lad—headless—seen by mother when maid. Light at Yule—invisible hand—if stop at door, someone dies. Not pretty or creepy—prefer creepy tales, like "Moon". No sense in these. Don't want meet bogles—fearsome to see—stupid to tell of. One tale of dead man—mebbe not true—don't know what'll come when dead. Lad called Sam'l—burnt—gets up—shakes self. Not used—feels queer—bogles round him. Something says, "Go to great worm—tell you're dead—ask to be eaten—then you'll rest in grave." "I'll go." Asks way—comes to place—dark—flickering lights—smell of earth—bad smells—creeping and crawling things—great worm on flat stone—slimy—waving head —Sam'l's name called. "Want to be eaten." "Where's body?" "Here." "No—corpse—fetch it." Sam'l says, "Burnt." "Taste bad—fetch ashes." Sam'l gets them—in sack—worm smells them. "Not all here—arm missing." "Lost arm—cut off." "Must fetch it." "Don't know where doctor put it." Sought and sought—got it —took it worm—worm looks at it. "Not all here yet. Lost anything more?" "Yes; nail." "Must fetch it." "I'll never find that. Nail easy to lose, hard to find." Seeks everywhere. "Found nothing. Can't you do without?" "No. Sure can't find?" "Yes." "Then must walk till you do." "But if never?" "Then walk all time —plenty of company." Creeping and crawling things turn him out. If he's not found nail, walking yet.

Grandmother told me tale—I asked where bogles come from. Can't mind another. "So't o' funny."

M. C. BALFOUR.

Ingram Content Group UK Ltd.
Milton Keynes UK
UKHW040752190623
423681UK00001B/69